Gerhard Engelsberger

Des Hutmachers Traum

Sinngeschichten durch das Kirchenjahr

Gütersloher Verlagshaus

Bibliografische Information der Deutschen Nationalbibliothek

Die Deutsche Nationalbibliothek verzeichnet diese Publikation
in der Deutschen Nationalbibliografie; detaillierte bibliografische
Daten sind im Internet über https://portal.dnb.de abrufbar.

Verlagsgruppe Random House FSC-DEU-0100
Das für dieses Buch verwendete FSC®-zertifizierte Papier
Munken Premium Cream liefert Arctic Paper Munkedals AB, Schweden.

Quellennachweis: Die Bibelzitate stammen aus: Lutherbibel, revidierter Text
1984, durchgesehene Ausgabe. © 1999 Deutsche Bibelgesellschaft, Stuttgart.

1. Auflage
Copyright © 2012 by Gütersloher Verlagshaus, Gütersloh,
in der Verlagsgruppe Random House GmbH, München

Dieses Werk einschließlich aller seiner Teile ist urheberrechtlich geschützt.
Jede Verwertung außerhalb der engen Grenzen des Urheberrechtsgesetzes ist
ohne Zustimmung des Verlages unzulässig und strafbar. Das gilt insbesondere
für Vervielfältigungen, Übersetzungen, Mikroverfilmungen und die Einspei-
cherung und Verarbeitung in elektronischen Systemen.

Umschlagmotiv: Hatstand Outdoors © Image Source/Corbis
Druck und Einband: CPI – Ebner & Spiegel, Ulm
Printed in Germany
ISBN 978-3-579-05867-2

www.gtvh.de

Inhalt

Vorwort — 10
Zeit zum Leben

1. Sonntag im Advent — 13
Es war einmal (Märchen neu erzählt)

2. Sonntag im Advent — 17
Mit offenen Händen

3. Sonntag im Advent — 19
Ein prall beladenes Schiff

4. Sonntag im Advent — 22
Der kleine Ton

Heiligabend — 25
Die schönste Nacht der Rose

Christnacht — 28
Stille heilt

Christfest 1. Feiertag — 33
Woher ich auch komme

Christfest 2. Feiertag — 34
Josef, es ist dein Kind

1. Sonntag nach dem Christfest — 40
Wo gibt's denn so was?

Altjahrsabend — 42
Das Testament

Neujahr — 48
Alechandro

Neujahrstag — 50
Die Distelfalterraupe

2. Sonntag nach dem Christfest bin ich mir	52
Epiphanias Drei Könige lernen teilen	54
1. Sonntag nach Epiphanias Schnee	58
2. Sonntag nach Epiphanias Feiertag	59
3. Sonntag nach Epiphanias Derwisch	60
4. Sonntag nach Epiphanias Der Unterschied	63
5. Sonntag nach Epiphanias Das Wollknäuel	64
Letzter Sonntag nach Epiphanias Erinnerung	66
Septuagesimae Das fünfte Rad	69
Sexagesimae Die Glocken läuten	71
Estomihi Kreuzen ging er immer aus dem Weg	72
Invokavit Sackgasse	76
Reminiszere Ich glaube	79
Okuli Legt sich Sand auf die Wunder	80
Laetare Christen sind Protestleute gegen den Tod	83

Judika was wenn?	89
Palmsonntag Der Mann mit dem Telefonbuch	90
Ostersonntag Die andere Sicht	92
Quasimodogeniti aufstehen	97
Misericordias Domini Schäferinnen und Schäfer	99
Jubilate Wünsche für die Kinder	103
Kantate Du bist	105
Rogate Ich finde meinen Weg	107
Exaudi Die Heimat des Mönchs	108
Pfingstsonntag Er hat immer ein Fernglas dabei	110
Pfingstmontag Mauern, Türme und Brücken	113
Trinitatis Wenn ich nichts zu sagen habe, schweige ich	116
1. Sonntag nach Trinitatis Uns geht es gut	117
2. Sonntag nach Trinitatis Sommer	119
3. Sonntag nach Trinitatis Des Hutmachers Traum	120

4. Sonntag nach Trinitatis Glimmen	122
5. Sonntag nach Trinitatis Du bist eine Möglichkeit Gottes	124
6. Sonntag nach Trinitatis Auszeit	126
7. Sonntag nach Trinitatis Dach	127
8. Sonntag nach Trinitatis Für euch	129
9. Sonntag nach Trinitatis Stilles Leuchten	130
10. Sonntag nach Trinitatis/Israelsonntag Der Bund ist nicht aufgekündigt	132
11. Sonntag nach Trinitatis Charlotte H.	137
12. Sonntag nach Trinitatis Einfache Worte	141
13. Sonntag nach Trinitatis Brettschneider	142
14. Sonntag nach Trinitatis Weg	144
15. Sonntag nach Trinitatis Sei, Kind!	145
16. Sonntag nach Trinitatis Ich würde gerne gedacht haben wollen	146
17. Sonntag nach Trinitatis Wenn unser Leben gelingt	148
18. Sonntag nach Trinitatis Zweimarkfünfzig Liebe	149

Erntedankfest Das Brot des Inselmalers	151
19. Sonntag nach Trinitatis Es müssten sich doch Engel finden, die uns lehren	153
20. Sonntag nach Trinitatis Credo I	156
21. Sonntag nach Trinitatis Wo Rauch ist, ist auch Feuer	157
22. Sonntag nach Trinitatis Karl P.	159
23. Sonntag nach Trinitatis Manchmal	162
Reformationsfest Feierabend	163
24. Sonntag nach Trinitatis Unsicher der eigenen Sätze	164
Drittletzter Sonntag des Kirchenjahres Credo II	166
Vorletzter Sonntag des Kirchenjahres Die Frau in Schwarz	169
Totensonntag Ein Mantel, fast nicht getragen	174
Buß- und Bettag Du hast immer erst dann Zeit, wenn es zu spät ist	179
Ewigkeitssonntag Lauterbach	184
Bibelstellenregister	190

Vorwort

Zeit zum Leben

Die Jahre gehen. Die Zeit geht. Erinnerung ist nichts Bleibendes, nichts Festes. Wir haben kein Haus, in dem wir uns einrichten könnten. Die Zeit läuft uns davon. Sie veraltet. Sie jagt uns. Sie fragt mich nicht, ob ich bleiben möchte. Sie vergeht. Mit der Uhr in der Hand bleiben immer nur Abschiede. Wer die Fülle der Zeit erahnen will, muss die Uhr weglegen, darf nicht mehr messen. Dann trägt Zeit so, wie das Meer trägt, wenn ich mich nicht mehr wehre. Mag sein, ich vergesse mich in der Tiefe, in der Weite, die alle Zeit umschließt: Menschen nennen diese Tiefe und Weite »Ewigkeit«.
Die Fülle der Zeit braucht ein heilendes Gefüge. Zwischen den Handläufen und Orientierungen des heilenden Gefüges Kirchenjahr spielt sich das Leben der Einzelnen und der Menge ab in all seinen fantastischen, traurigen und strahlenden Facetten.
Die Jahreszeiten malen den Hintergrund mit Farben und Klängen und geben ein weiteres Gefüge, damit wir uns nicht verirren.

Die Not des Frühlings ist es, zurücklassen zu müssen, was den Winter doch nicht überlebte. Die Blätter des Vergangenen decken den Boden, die vertrockneten Gräser, die verdorrten Äste, die erfrorenen Zweige. Das Glück des Frühlings ist es, wie neugeboren leben zu dürfen. »Quasimodogeniti« ist der Name des ersten Sonntags nach Ostern; auf Deutsch: »Wie Neugeborene«.

Sommer ist die Zeit des Tanzes. Das Glück des Sommers ist der Übermut, das Bad in der Sonne, die Weite. Insekten, Vögel, Blätter und Gräser, Wolken und Blüten scheinen in ihrer

Fülle zu tanzen. Schier unbegrenzt die Farbenpracht und Bewegungsvielfalt. Alle Sinne sind wach, die Zeit steht still, das Leben hält Hof.
Die Not des Sommers ist es, die Grenzen zu spüren angesichts der Fülle. Wohl trifft die kluge Ameise in dieser Zeit Vorsorge für den Winter, während die Grille tanzt, singt und spielt. Doch der wird hart, neidisch und verhärmt, der keine Sommerzeit zulässt in seinem Leben, der den Tag nicht vor dem Abend lobt und selbst angesichts von Lilie und Nachtigall Gott nicht traut.

Der Herbst ist mit einer wehmütigen Poesie beschenkt: »Die Blätter fallen, fallen wie von weit ... Wir alle fallen. Diese Hand da fällt. Und sieh dir andre an, es ist in allen ...«.
Ist vertan, was fällt? War unnütz, was nun abgeschnitten und gebündelt darauf wartet, abgeholt zu werden? Ist es vertan, wenn das Kind sich im Spiel vergisst? Ist es vertan, wenn der Liebende liebt ohne Blick auf die Uhr? Ist es vertan, wenn ich den Wecker abstelle, den Traum weiterträume bis zum guten Ende?
Begreife ich Zeit als Geschenk, dann ist nichts vertan, was den Druck nahm, mir Freude machte, was ich genossen habe, was gut war und gut tat, was mich erleichterte, bei dem ich einatmen und mich so sein lassen konnte, bei dem etwas aufblitzte von Ewigkeit.
Keine Freude war zu viel. Kein Brief war zu kurz. Kein Lächeln war zu lang. Kein Lied, das ich sang, kein Gedicht, das ich tagelang in mir trug, kein liebes Wort. Nichts war vertan, nichts ist vertan, denn Gott hat mir alles geschenkt. Ich mache mich heiter auf den Heimweg.

Winter ist die Zeit der Pflege all dessen, was »innen« ist. Außen ruht alles, Eis hat es verkrustet, Schnee hat sich darüber gelegt. Die Natur »vergisst«, indem sie »einverleibt«, »verinnerlicht«. Was war, zerfällt. Manches so rasch wie ein Blatt oder eine Blüte, anderes so lange wie ein Stein. Am Ende wird alles einverleibt, verinnerlicht. Wird Grundlage neuen Lebens. So auch bei dir und mir. Winter ist die Zeit, in der in mir Narben geduldig verheilen und Schönes zum Leuchten kommt. Früh senkt sich die Sonne, und mir bleibt, was ich so oft vermisst habe: Zeit für mich selbst, ein geduldiges Ja.

Vor all diesen Hintergründen und in all diesen Handläufen spielt sich das Schönste und Tiefste ab, was Menschen kennen: unser Leben. Die Wochensprüche zum Kirchenjahr sind wie Stufen oder kurze Handläufe und Gehhilfen.
Ich habe diese Wochensprüche nicht »ausgelegt«, wie ich es auf der Kanzel tun würde. Ich habe das wilde, facettenreiche und widersprüchliche Leben pulsieren lassen zwischen den Hintergründen der Jahreszeiten, auf den Stufen und Gehhilfen der Wochensprüche.
Leben ist nicht einheitlich. Leben ist nicht immer in der Spur. So hoffe ich, dass »Des Hutmachers Traum« viele dieser Momente einfängt, die im Laufe eines Jahres das Leben zum Leben machen.

Die uns geschenkte Zeit ist der unwiederbringliche, gleichzeitig so offene Anteil am Leben. Viel zu spät oft entdecken Menschen ihren eigentlichen Auftrag: Es ist Zeit zu leben, meinen Anteil am Werden des Ganzen, an der Vielfalt, an Gottes Fülle nicht zu verweigern. Doch dann beginnt die Kür, auf die Gott sich freut; dann beginnt mein unverwechselbarer Beitrag. Mir ist Phantasie geschenkt für neue Wege, Kraft geschenkt gegen Hindernisse, Liebe geschenkt gegen Zweifel, Mut geschenkt gegen Unrecht, Weite geschenkt gegen Sturheit, Fülle geschenkt gegen Grenzen. Der Glanz Gottes weitet meinen Blick.

Gerhard Engelsberger
Dielheim, Frühsommer 2012

Siehe, dein König kommt zu dir, ein Gerechter und ein Helfer.
Sacharja 9,9

1. Sonntag im Advent

Es war einmal (Märchen neu erzählt)

In alten Zeiten, als das Wünschen noch geholfen hat und Riesen im Wald hinter unserem Dorf hausten, da lebte im Schloss am Kunigundensee eine Prinzessin mit ihrem Vater, dem König. Nachts schlief sie in ihrem goldenen Bettchen, tagsüber aß sie mit ihrem goldenen Löffelchen von ihrem goldenen Tellerchen, und nach dem Essen spielte sie im Schlossgarten mit einem goldenen Butterkeks.

Kam ein Frosch und wollte an dem goldenen Butterkeks knabbern, dann schnappte sie ihn, steckte ihn in ihre seidene Tasche und lief zum Schloss. Dort warf sie ihn an die Wand, weil sie irgendwo gehört hatte, dass ein Frosch, wenn er von einer Prinzessin an die Wand geworfen wird, sich im Nu in einen schönen Prinzen verwandelt.

Aber irgendetwas ging immer schief. Denn sooft sie einen Frosch an die Wand warf, verwandelte sich dieser in ein goldenes Tellerchen, und der König war schon ganz verzweifelt, weil bald alle Zimmer im Schloss vollgestopft waren mit goldenen Tellerchen und er keine goldenen Tellerchen mehr sehen konnte – und goldene Löffelchen auch nicht.

»Wann hörst du endlich damit auf, unschuldige Frösche an die Wand zu werfen? Du stürzt uns alle noch ins Unglück! Kannst du denn nicht wie andere Mädchen in deinem Alter im Garten

Seil hüpfen, mit Puppen spielen oder mit einem Ball?«, jammerte er jeden Mittag, wenn sie wieder bei Tisch saßen und mit ihren goldenen Löffelchen von ihren goldenen Tellerchen aßen. Mittlerweile war es im Esszimmer schon zu eng geworden, und sie fanden vor lauter goldenen Tellerchen kaum noch Platz zum Essen. Denn am Vormittag war die Prinzessin schon wieder mit sechs Fröschen ins Schloss gekommen.

»Es muss etwas geschehen«, sagte Heinrich, der treue Schlossdiener. »Wir sperren den Schlossgarten für Frösche!«
Gesagt, getan. Heinrich stellte überall Warnschilder auf, und die Frösche wanderten ab zum Kunigundensee, wo sie niemand mehr an die Wand warf.

Aber die Erleichterung war von kurzer Dauer. Nun brachte die Prinzessin Regenwürmer ins Schloss. Und als der arme Heinrich den Schlossgarten für Regenwürmer sperrte, brachte sie Käfer, Mäuse, Salamander; zum Schluss, als gar keine Tiere mehr im Schlosspark waren, warf sie Steine an die Wand, und auch sie verwandelten sich im Nu in goldene Tellerchen.

Längst hatten Arbeiter unten vom Tal Hütten und Scheunen, ganze Lagerhallen am Palast angebaut für die goldenen Tellerchen. Und der König aß und trank nichts mehr, blieb den ganzen Tag im Bett und wollte keine goldenen Tellerchen mehr sehen.
»Ein Königreich für einen Blechnapf!«, jammerte er in sein Kopfkissen. »Warum bin ich nur gestraft mit dieser Tochter?«

Der arme Heinrich war ganz verzweifelt, weil er den guten König so leiden sah und nicht helfen konnte. Da packte ihn die Wut, er stürzte ins Esszimmer, wo die Prinzessin wieder mit einem goldenen Löffelchen von ihrem goldenen Tellerchen aß, blieb mit hochrotem Kopf vor der Prinzessin stehen und schrie: »Prinzessin, du bist eine dumme Gans, ein Miststück, ein ungezogenes Gör und eine Strafe für die ganze Menschheit!«

Da ward die Prinzessin zornig, schlug mit der Faust so kräftig auf den Tisch, dass ihr goldenes Tellerchen tanzte und ihr goldenes Löffelchen hüpfte.
»Du alter Grobian! So redet man nicht mit einer Prinzessin!«
Und in ihrer Wut nahm sie ihr goldenes Tellerchen und warf es mit aller Gewalt nach dem armen Heinrich. Der konnte sich gerade noch bücken, und so knallte das goldene Tellerchen an die Wand und tat einen fürchterlichen Krach und rauchte und Funken stoben und Ruß wirbelte durch die Luft. Und als die Prinzessin und der arme Heinrich sich von ihrem Schrecken erholt hatten, stand da ein stattlicher junger Krämer in grauem Anzug und blauem Hemd und gestreifter Krawatte und war schön anzusehen. Und die Prinzessin schloss ihn in die Arme und nannte ihn ihren Märchenprinzen. Der junge hübsche Krämer aber hatte Kaufmann gelernt in Augsburg und verstand etwas vom Geschäft.

Es war Liebe auf den ersten Blick. Und so wurde Hochzeit gefeiert im Schloss. Der König war glücklich, die Prinzessin und ihr Krämer verkauften die goldenen Tellerchen eines nach dem anderen und wurden reich und lebten bis an ihr Lebensende.

Der arme Heinrich aber sagte:
»Mir gefällt der Umgangston hier nicht. Ich kündige.«
Und als er das gesagt hatte, tat es einen Schlag, Funken stoben, und Rauch quoll aus dem Boden. Und er ward verwandelt in einen wunderschönen Prinzen. Die Prinzessin schaute nur betreten, als er sich aufs Pferd schwang und auf Nimmerwiedersehen davonritt.

Der Prinzessin blieben die goldenen Tellerchen und der Krämer. Der Prinz aber ritt zum nächsten Schloss, heiratete eine andere Prinzessin und wurde König. Und wenn sie nicht gestorben sind, leben sie heute noch.

Ob wir uns ein Beispiel am »armen Heinrich« nehmen oder uns am Glück der beiden, die die Gebrüder Grimm zusammengebracht haben, ein Beispiel nehmen?
Und welches?

Noch hat das Märchen mit der Bibel wenig zu tun.
Aber spätestens dann, wenn du gefragt wirst, was dein Leben dir bietet – ach, es könnten goldene Löffelchen, silberne Pantöffelchen, tiefe Schatzbrünnchen oder ein Immergrünmorgennoch-Kräutchen sein ...

Und es könnte gar sein, es käme kein König.
Was dann?

Seht auf und erhebt eure Häupter, weil sich eure Erlösung naht.
Lukas 21,28

2. Sonntag im Advent

Mit offenen Händen

Mit geballten Fäusten
hat mich meine Mutter geboren,
zum ersten Schrei,
zum ersten Trost.

Mein Leben war eine stete Übung,
die geballten Fäuste
zu Händen zu öffnen.

Weil anders Leben nicht frei
und Sterben nur Gewalttat ist.

Der geballten Faust entschlüpft kein Küken,
der verängstigten Seele entschlüpft allenfalls eine Klage,
dem gebeugten Menschen bleibt ein Fluch.

Ich möchte offen leben,
eingeladen und einladend,
mit offenen Händen,
heiter und staunend.
Jenen Tages spüre ich
unter meinen Händen
eine Rose blühen.

Und Gott sagt:
Du warst ein Segen.
Nun komm, es ist alles bereit.
Die anderen warten schon.
Lass es gut sein hier.
Du hast doch erst angefangen.

Staunend werde ich ein leichtes Bündel schnüren
und dem Wunder, das mich rief,
die Hand öffnen,

und hinübergehen
und staunen über ein warmes Zuhause.

Bereitet dem Herrn den Weg; denn siehe, der Herr kommt gewaltig.
Jesaja 40,3.10

3. Sonntag im Advent

Ein prall beladenes Schiff

Ein prall beladenes Schiff.
Ein Schiff, das den ruhigen Wassern traut.
Beladen mit Leben und Lebenskraft vom Rumpf bis aufs Deck.

Da stehen sie an den Ufern der Länder, warten auf Leben, suchen den Horizont ab nach guter Nachricht, schalten zum wievielten Mal den Fernseher ein, gehen zum wievielten Mal an den Briefkasten in der Hoffnung auf gute Nachricht.

Ein prall beladenes Schiff.
Sie suchen nach Zeichen am Himmel,
deuten die Sterne,
legen die Karten,
befragen die Kundigen.
Sie steigen auf Berge,
sitzen Stunden an Stränden,
durchwandern Wüsten und das ewige Eis.

Ein eigenartiges Volk, die Menschen.
Sie blättern in Katalogen und Webseiten.
Sie befragen die Händler und Nachrichtensprecher.
Sie ahnen die Wahrheit und wollen sie nicht hören und sehen.
Sie trauen eher den lauten Signalen, die ihre Ohren beleidigen und ihre Augen blind machen.

Eigenartige Wesen sind die Menschen.
Hören und Sehen vergeht ihnen.
Müde vom Lärm und erschlagen von Bildern, überfordert von Ansprüchen und gepeinigt von Selbstzweifeln, gehen sie zu Bett und finden nicht einmal Ruhe im Schlaf.

Morgen wieder suchen sie nach Leben.
Suchen Antworten im Lärm und Wege im Gewirr.
Haben keine Augen für das Zarte und keinen Blick für das Unscheinbare.
Haben kein Ohr für das Leise und keine Antenne für die innere Stimme.
Haben keine Zeit für die Stille und keine Freude am Warten.
Wollen haben, wollen werden.
Suchen jetzt und gleich und hier die Befriedigung ihrer Wünsche.

Eigenartige Wesen sind die Menschen.
Sie sterben, ohne gelebt zu haben.
Ihr Blut pulsiert atemlos.
Ihr Gehirn arbeitet ununterbrochen.
Ihre Augen kommen nicht mehr mit.
Selbst die Jungen bleiben auf der Strecke
und meinen, sie hätten versagt.

Ein prall beladenes Schiff.
Ein Schiff, das den ruhigen Wassern traut.
Beladen mit Leben und Lebenskraft vom Rumpf bis aufs Deck.
In dir geht das Schiff an Land.
In dir wird das Kind geboren oder verloren.
In dir leuchtet das Licht oder es wird ausgelöscht.
In dir kommt Gott zur Welt oder bleibt im Elend.
In dir ist Ruhe, Stille und – wie es die Alten sagen – Vergnügen, oder es herrscht der Lärm besetzter Plätze und die Armut voller Bäuche.

In dir findet Gott einen Platz, wo er mit der Fülle des Lebens anlegen kann – oder er muss andere Häfen anlaufen. Dein Hafen ist belegt von Terminen, ist vernebelt vom Lärm der andauernden Geräuschkulisse, ist gebucht und verplant von Händlern, ist besetzt von Geschwätz – und sei es noch so fromm und gut gemeint.

Die Frage ist, ob es uns wirklich in der Tiefe unseres Lebens gelingt, all den Ballast zu lassen, all die Fahnen einzuholen und die Plakate einzustampfen, die unser Leben zu einem Schauplatz für Kämpfe machen, die uns nur jagen, am Ende das Leben rauben.
Noch meine ich, unser bescheidener Hafen müsse nicht um Aufträge buhlen, könne sich Zeit lassen für Gott.

Das kommt mir nicht so einfach über die Lippen.
Da hat manches wehgetan.

Du musst Buchungen rückgängig machen,
Menschen enttäuschen,
dich selbst enttäuschen,
aber eines Tages bist du unendlich frei und ruhig,
siehst Maria durch den Dornenwald gehen,
siehst das Schiff anlegen,
hörst leuchtende Stimmen
und bist dir deines Gottes gewiss.

Was kann einem Menschenleben mehr geschehen,
als dessen gewiss zu sein,
was Jörg Zink sagt:
»Du bist ein Ort Gottes.
Mehr als ein Ort Gottes kann ein Mensch nicht sein.«

Freuet euch in dem Herrn allewege, und abermals sage ich euch:
Freuet euch! Der Herr ist nahe.
Philipper 4,4-5

4. Sonntag im Advent

Der kleine Ton

Es gibt Geschichten, die muss man mit geschlossenen Augen hören. Eine solche Geschichte will ich dir heute erzählen. Aber du musst die Augen dabei schließen, sonst verstehst du sie nicht. Ich bleibe auch ganz nah bei dir und passe auf dich auf.

Es war einmal ein wunderschöner Ton, der wohnte in einer Geige und war eingepackt in einen braunen Geigenkasten. Wenn Stephan manchmal allein zu Hause war, dann holte er Papas Geige aus dem Geigenkasten. Darauf freute sich der Ton schon, denn er konnte Stephan gut leiden.
Und Stephan zupfte auf der Geige, und der Ton machte bing und bong und summ, und der kleine Ton hüpfte im Zimmer umher und spielte Lieder, wie sie Stephan noch nie gehört hatte. Er spielte Sonne und Wind, spielte Fluss und Meer, spielte Stern und Abendrot. Und Stephan war ganz leise, damit er ja auch alles hörte.

Eines Tages, als Stephan wieder den Geigenkasten öffnete und die Geige herausholte, blieb der Ton stumm. »Hallo, Ton«, sagte Stephan ganz leise, »hallo, Ton, willst du heute nicht mit mir spielen?« Doch der Ton gab keine Antwort. Da rief Stephan noch einmal: »Du, Ton, ich freue mich auf dich, komm doch heraus und spiel mit mir!« Da hörte er ein ganz leises

Bomm aus der Geige, und dann sagte der Ton: »Du, Stephan, ich kann heute nicht hüpfen und singen und tanzen. Ich bin krank. Hier im Geigenkasten ist es so dunkel. Mir fehlen die Sonne, der Wind und das Lied der Vögel.«

Stephan erschrak, denn ein kranker Ton klingt nicht schön. Ein kranker Ton ist traurig, falsch und müde. Ganz sacht nahm Stephan den kleinen Ton in die Hand und spürte, dass er fror. »Ich bring dich an die Sonne, zum Wind und zu den Vögeln«, sagte er. Vorsichtig ging er mit ihm zum Fenster und öffnete den Flügel zum Garten ganz weit. Dann setzte er den Ton auf den Fenstersims mitten in die Sonnenstrahlen und wartete. Und da geschah ein Wunder.

Ein Sonnenstrahl kam gefunkelt und setzte sich neben den Ton, wärmte ihn und erzählte ihm von Wiesen und Blumen, von der warmen Erde und von einem Land, in dem die Töne nicht eingesperrt sind in Kästen, Notenbücher und Orgelpfeifen, sondern sich frei bewegen können.

Und eine Schwalbe kam geflogen, setzte sich ebenfalls auf das Fensterbrett und erzählte von der Weite über den Wolken, vom Lied des Sturmwinds und dem Rauschen des Sommerregens zwischen Himmel und Erde.
Und ein Schmetterling kam geflattert, setzte sich neben den Sonnenstrahl, streichelte den Ton sanft mit einem Flügelschlag und meinte: »Du bist wie ich, ein Schwebewesen, mal hier, mal dort, mal bing, mal dong. Komm mit mir, ich will dir das Leben zeigen.«

Und der kleine, kranke Ton reckte sich und streckte sich, begann zu glänzen und zu schwingen, zu strahlen und zu schweben. Wurde leicht wie eine Feder und hell wie die Sonne. Und Stephan, der mit offenem Mund am Fenster stand, hörte mehr und mehr Töne. Sie kamen von überall her. Von Vögeln und

Blumen, aus Kellern und Häusern, und wurden immer mehr. Und wurden ein Lied. Und sangen und tanzten und spielten. Und die Zeit stand still, die Taxis und die Busfahrer hielten an, die Menschen hörten auf zu arbeiten und wurden ganz ruhig. Einige schlossen die Augen, andere falteten die Hände, manche weinten vor Freude und sagten, so etwas Schönes hätten sie noch nie erlebt.

Hier ist das Land, in dem die Töne nicht eingesperrt sind. Hier bei uns, dachte Stephan. Man muss nur das Fenster öffnen. Man muss den Tönen einen weiten Raum geben, dann werden sie gesund, und es klingt wie im Paradies.

Als Stephan später den Geigenkasten zurückstellte, da schloss er ihn nicht ganz. Er ließ ihn einen Spaltbreit offen, sodass die Töne hinein- und heraushüpfen konnten, gerade so, wie sie es gerne wollten.
Und es war alles ganz anders als sonst an diesem Abend. Mama und Papa stritten nicht, schauten auch nicht fern. Und der Nachbar Mollten, der seit Wochen mit bleichem Gesicht im Bett gelegen hatte, klingelte an der Tür und brachte eine Flasche Wein und sagte, heute ginge es ihm schon viel, viel besser.

Und als das Licht überall aus war, weil alle schliefen, da kuschelte sich der kleine Ton neben Stephan ins Bett, ganz nah an sein Ohr, und sang ihm ein Lied von Berg und Meer, von Welten und Sonnen, von Traum und Zuhause. Und alles war gut. Alles war gut.

*Das Wort ward Fleisch und wohnte unter uns,
und wir sahen seine Herrlichkeit.*
Johannes 1,14

Heiligabend

Die schönste Nacht der Rose

»Oh, tut das noch weh!«, sagte der Zweig neben mir. Schluchzen und Schweigen. Kleine Tränen tropften von seiner Wunde auf den Boden. Ein harter Boden. Wie überhaupt das Leben hart war. Hinter uns dieser Berg aus Steinen. Aufgehäuft. Steine, die man in der Erde fand. Die störten das Wachstum der Weinstöcke. Das war ihm wichtig. Die Weinstöcke und der Verdienst. Und wir?

Der Zweig neben mir war wieder verstummt. Er würde nie mehr so sein. Vielleicht ein neuer Trieb. Vielleicht braun nach dem Winter. Wisst ihr, wir fürchten uns vor den Schnitten der Menschen. Sie töten uns mit einem einzigen Schnitt. Aus Liebe, sagen sie.

Wenn nur der Rest des Zweiges neben mir aufhören würde zu weinen. Dann könnte ich besser erzählen. Man muss wirklich vorsichtig sein, heute. Sie sind schnell mit dem Messer und flink mit der Schere. Ein Dorn zu viel oder etwas schräg gewachsen oder ein wilder Trieb. Furchtbar muss sie das treffen. Und deshalb schneiden sie uns. Schnell und glatt. Das haben sie gelernt. Auch die Messer sind besser als früher. Es geht einfach alles schneller. Aber das ändert nichts.

Ja, ich weiß, ich komme ins Plaudern. Das ist nicht gut. Ich hab nicht viel Zeit.

Jedenfalls war es in jener Nacht wie ein Wunder. Damit ich zum Thema komme. Menschen, Menschen, Menschen. Wie soll ich einfache Rose unterscheiden. Mann, Weib, Greis oder Kind – sie schneiden uns alle, töten uns alle, biegen uns gerade, düngen und kreuzen, versetzen und stechen. Jedenfalls irgendwas machen sie immer. Und wenn sie fertig sind, sind wir tot und sie stolz. Sie nennen das veredeln. Vielleicht haben sie recht. Aber wir sehen das anders.

Jedenfalls war es in dieser Nacht wie ein Wunder. Nicht nur, dass da ein Riesenklotz von Stern am Himmel hing. Fast so, als wolle er die Nacht zum Tag machen. Nicht nur, dass da Menschengetrampel und Menschengerede auf und ab gingen den ganzen Tag. Unsere Schwestern, die Gräser, schrien um Erbarmen, doch keiner hörte sie. Und – Gott sei's gedankt – wurde es doch Abend. Trotz der Helligkeit des Sterns. Und trotz dieses wichtigen Durcheinanders.

Da geschah es. Und nur, weil es geschah oder besser: nicht geschah, kann ich überhaupt noch erzählen. Da kamen fünf Menschen, weiß ich's, ob Mann, ob Frau, ob Kind, ob Greis.
Sie waren aufgeregt. Sie rochen aufgeregt. Sehr müde und abgespannt. So riecht keiner aus der Stadt. Wohin die jetzt noch gehen?, dachte ich bei mir und erschrak, als einer den anderen fragte: Und wenn die Engel recht haben? Und wenn der Erlöser kommt in dieser Nacht? Und wenn wir ihn da drin finden – was können wir ihm schenken? Was bringen wir ihm mit? Und ein anderer sagte: Nichts hab ich. Nichts hab ich, wenn der Erlöser kommt und die Engel recht haben. Nichts hab ich. Schneid mir wenigstens die Rose da drüben ab.

Da drüben die Rose.
Kennt ihr das Gefühl? So kurz vor dem Schnitt, wenn du den Menschen schon riechst, das Metall schon ahnst, so kurz vor dem Entsichern der Gartenschere? Kurz davor der Schweißaus-

bruch, den keiner sieht. Ihr redet von Duft. Oh je. Ihr habt nie eine Rose gerochen, ungeschnitten, in Freiheit. Zwischen Bruderzweig und Schwesterzweig. Zwischen Erde und Himmel.

Doch es kam alles anders. Nicht so, wie meine Zweigväter und -mütter erzählten. Nicht kurz und kalt und schnell und dann die wenigen Tränen, Tropfen auf Stein und Boden, und das braune Absterben.

Schneid mir wenigstens die Rose da drüben ab!
Ich weiß, das bin ich. Mitten in der Nacht. Ohne diesen Stern hätten sie mich nicht einmal gesehen.
Ach nein, höre ich eine Stimme. Du hast immer noch nicht begriffen, sagt da Mensch zu Mensch. Willst du Gott beschenken mit einer Rose aus seinem Garten? Willst du wirklich Gott beschenken mit einer Rose, die er wachsen ließ in seinem Garten?

Und dann wurden die Schritte leichter und die Stimmen leiser.

Eine Rose aus seinem Garten, dachte ich.
Wessen Garten?
Es muss ein wundervoller Mensch sein, um dessentwillen man die Rosen schont. Es muss etwas Großartiges sein. Ich versteh das nicht. Ich weiß nur: Mich hat keiner geschnitten in dieser Nacht. Sonst könnte ich nicht erzählen.

Es muss ein wundervoller Mensch sein, um dessentwillen man die Rosen schont.

*Als alles stille war und ruhte und eben Mitternacht war,
fuhr dein allmächtiges Wort vom Himmel herab, vom königlichen Thron.*
Weisheit 18,14

Christnacht

Stille heilt

*Gott.
Du findest Wege durch jede Mauer.
Du stillst Hunger.
Du verwandelst die Klagen in Tanz.
In der Tiefe bist du mir nahe.
In der Weite bist du mir Freund.
Im Glanz bist du mein Halt.
Dein Name ist »Der mich birgt«
und dein Schatten wärmt die Nacht.*

Im sechsten und siebten Kapitel des Buches Hiob antwortet Hiob auf die erste Rede seines Freundes Eliphas in einer großen Klage. An deren Ende findet sich eine – für mich jedenfalls – »erschütternde Definition« des Menschen. Man überliest dieses großartige Bild im Luthertext leider zu leicht.

Hiob fragt:
>»Was ist der Mensch, dass du ihn groß achtest und dich um ihn bekümmerst?« (Hiob 7,17)

Übersetzt man die Stelle wörtlich, heißt sie:
>»Was ist der Mensch, dass du ihn groß werden lässt und dein Herz zu ihm hin ausrichtest?«

Bernhard von Clairvaux (1090–1153) übersetzt:
>>*Was ist der Mensch, dass du ihn groß machst oder gar dein Herz an ihn grenzen lässt?*<< *[quia ponis erga eum cor tuum]*
(Weil mein Herz bewegt war, Freiburg 1990, S. 23f)

Der Mensch ist das Wesen, an das Gott sein Herz grenzen lässt. Ein intimeres Miteinander, ein näheres Beieinander, ein zärtlicheres Bild für Liebe gibt es nicht.
Gott liebt.
Und nun ist es nicht maßlos oder anmaßend, wenn ich sage: Ich liebe dich auch.
Gott ist Liebe, und wer in der Liebe bleibt, der bleibt in Gott und Gott in ihm. (1. Johannes 4,16)

Reiner Kunze stellt seinem 1972 erschienenen Gedichtband – man muss das Bedrängende der DDR im Hintergrund wissen – >>Zimmerlautstärke<< (Reiner Kunze. Zimmerlautstärke. Gedichte, Frankfurt 1972, S. 7) ein Zitat Senecas voran:
>>*... bleibe auf deinem Posten und*
hilf durch deinen Zuruf; und wenn
man dir die Kehle zudrückt, bleibe
auf deinem Posten und hilf durch
dein Schweigen.<<

>>Wem ein Gedichtband Reiner Kunzes in die Hände fällt, der bemerkt sofort beim ersten Blättern die Dominanz der weißen Fläche im Druckbild der einzelnen Seiten. Die überwiegende Zahl der Gedichte Kunzes ist äußerst kurz. Man gewinnt den Eindruck einer sehr konzentrierten dichterischen Sprechweise<<, einer Sparsamkeit der Worte, einer Enthaltung der Geräusche, einer Diät der Töne, was >>einem verschwenderischen oder auch inflationären Sprachgebrauch skeptisch gegenüberzustehen scheint.<< (Christoph Hartmann in einer Hausarbeit der Universität Würzburg)

Was ist das für ein Unterschied zu der unter uns Pastorinnen und Pastoren üblichen Lautstärke der Predigt.
Diese falsche Vollmundigkeit, diese überhebliche Besserwisserei, diese peinliche Geschwätzigkeit von der Kanzel ist mir seit Jahren ein Gräuel.

Jörg Zink schreibt einmal fast wütend:
»Wer lernt schon beten in einer Kirche der vorgelesenen Gebete? Wer lernt schon Stillhalten in einer Kirche der unablässigen Aktivität? Wer lernt schon schweigen in einer Atmosphäre des pausenlosen Geredes? Wer lernt schon, mit Bildern und Symbolen zu leben im Umkreis des blanken Verstandesdenkens? Wer lernt schon das Einfachste, das Sammeln seiner Sinne und seiner Gedanken in der munteren Geschwätzigkeit, die vom Glauben redet? Wer lernt schon ein brüderliches Einander-Geltenlassen in der Welt des naiven oder brutalen Rechthabens, die wir die Welt der Theologie nennen?«

(aus: Jörg Zink, Dornen können Rosen tragen. Mystik – die Zukunft des Christentums.
© Verlag Herder GmbH, Freiburg i. Br. 2009, S. 86-88)

Ich wiederhole noch einmal Senecas Gedanken, die Kunze voranstellt:
*»... bleibe auf deinem Posten und
hilf durch deinen Zuruf; und wenn
man dir die Kehle zudrückt, bleibe
auf deinem Posten und hilf durch
dein Schweigen.«*

In einem weiteren Gedichtband von Reiner Kunze fand ich einen mich seither bewegenden und begleitenden Dreizeiler:

Einladung zu einer tasse jasmintee

*»Treten Sie ein, legen Sie Ihre
traurigkeit ab, hier*

dürfen Sie schweigen.«
(Reiner Kunze, Einladung zu einer tasse jasmintee. Aus: Reiner Kunze, gespräch mit der amsel. © S. Fischer Verlag GmbH, Frankfurt am Main 1984)

Schweigen – das haben wir eigentlich nur so gelernt, dass man den Mund zu halten hat, dass der andere es besser weiß. Deshalb lieber selbst tönen, möglichst lauter als andere und möglichst vor ihnen.
Wo ist das nächste Mikrofon,
und: Welche Kamera steht auf Rot?
Klappern gehört zum Handwerk.
Schweigen heißt oft genug: Der hat nichts zu sagen.
Es gibt keine Kultur des Schweigens.
Es gibt nur das Redeverbot.
Oder das Kloster.
Oder das selbstgewählte Alleinsein.
Das suche ich nicht, das: »Wenn Sie hier eintreten, müssen Sie schweigen.«

Ich suche einen Ort, an dem ich schweigen darf. An dem nicht der was von mir will und jener Fragen und ein anderer Ansprüche stellt. Früher hat man die Menschen geviertelt, das war eine scheußliche Hinrichtungsmethode.
Heute geschieht das versteckter, und wir beteiligen uns selbst. Spielen gleichzeitig vier, fünf, sechs Rollen. Werden in der Tretmühle dieser Hin- und Hergerissenheit mürbe, die Haut wird dünner, die Nerven reiben sich blank.

Da suche ich einen, der sagt:
   »Treten Sie ein, legen Sie Ihre
   traurigkeit ab, hier
   dürfen Sie schweigen.«

Meine Traurigkeit ablegen.
Nicht erklären und rechtfertigen.
Nein, ablegen, hergeben, sich ausschweigen dürfen.

Einmal nichts geben, sagen oder tun.
Nur da hinein dürfen und da sein.
Das ist so eine verrückte Zeit.
So atemlos, so unbarmherzig, so schonungslos.
Als ob uns der Atem ausginge.
Und je stiller es um mich wird,
umso deutlicher,
umso lauter wird meine Atemlosigkeit.

*Die Hirten kehrten wieder um, priesen und lobten Gott für alles,
was sie gesehen und gehört hatten, wie denn zu ihnen gesagt war.*
Lukas 2,20

Christfest 1. Feiertag

Woher ich auch komme

Woher ich auch komme,
dein Licht war mein Weg.
Wohin ich auch gehe,
deine Hand ist mein Steg.

Und wer ich auch war,
am Anfang warst du.
Wer immer ich werde.
du kommst auf mich zu.

Was war und was sein wird,
was bleibt und was hält:
Du lebst, und das zählt, Herr,
in unserer Welt.

Du lebst, ich kann hoffen,
du schenkst mir den Sinn,
so bleibe ich offen,
wer immer ich bin.

*Das Wort ward Fleisch und wohnte unter uns,
und wir sahen seine Herrlichkeit.*
Johannes 1,14

Christfest 2. Feiertag

Josef, es ist dein Kind

Er stand noch lange an der kleinen Öffnung, die man im Schuppen gelassen hatte, und sah nach draußen.
Nicht dass sich da viel getan hätte.
Ab und zu huschte ein Schatten vorbei. Der Mond stand hinterm Dach mit seiner so anderen Sichel, als wir sie aus unseren Breiten gewohnt sind.
Nein, er konnte nicht schlafen.
Fand keine Ruhe.

Fast wortlos waren sie gekommen, wortlos waren sie gegangen.
Nichts, was auf Wirklichkeit hindeutete.
Aber was eigentlich ist wirklich?
Hast du schon einmal geträumt, dass du träumst?
Bist im Traum aufgewacht von deinem Traum und warst doch noch ein Träumer?

Was ist wirklich?
Das, was ich spüre?
Ach, wie wenig spürt man von dem, was wirklich ist.
Wie prüft ihr, ob etwas wirklich ist?
Ob etwas stimmt?

Ihr riecht. Ihr messt. Ihr schaut genau hin, hört genau zu.
Fasst an. Fragt. Überprüft. Vergleicht.

Nun, dann miss die Liebe deiner Frau.
Vergleiche die Liebe deines Mannes.
Überprüfe die Zuneigung deiner Kinder.

Du wirst nie auf die Wahrheit stoßen.
Du wirst eher noch unsicherer werden:
Was denkt sie wirklich?
Ist er mir echt treu?
Habe ich was falsch gemacht?

Was ist wirklich in Zeiten, in denen alles in Bewegung ist?
In denen die Mächtigen wieder einmal Grenzen verschieben,
Menschen verschieben, Rechnungen aufmachen.

Schon seit Monaten geht das so.
Erst die Gerüchte, dann die Befürchtungen,
endlich die Befehle.
Sammellager, Flüchtlingszüge und Feldbetten.
Nicht aufregen, sagten die Kunden.
Das wird wieder, sagten die Nachbarn.
Aber da war noch das andere.
Das nagte viel tiefer.

Damals gab es noch keinen DNA-Test.
160,- Euro heute.
160,- Euro für eine fade Wahrheit.
Das Ergebnis sagt nichts über die Liebe.

Er steht noch lange an der kleinen Öffnung, die man im Schuppen gelassen hat,
und sieht nach draußen. Nicht, dass sich da viel tun würde.
Ab und zu huscht ein Schatten vorbei. Der Mond steht hinterm Dach.
Die Sterne – nein, das hat er gelernt, dass man den Sternen nicht trauen kann.

Er kann nicht schlafen.
Wie könnte man schlafen in einer Nacht, in der dein Kind geboren wird, und du weißt nicht, ob es dein Kind ist?

Josef schaut zurück in den Schuppen. Maria schläft. Das Kind schläft.

Da war vor Monaten dieser eigenartige Traum. Da stand eine Lichtgestalt vor ihm. Er hatte sich gewunden in Selbstzweifeln, hin und her gewälzt auf seinem Bett. Keine Ruhe gefunden. Und die Lichtgestalt sagt: Josef, lass es gut sein. Es ist dein Kind, weil es von Gott ist.

Und er weiß nicht, weil er auch nur ein altes Metermaß und zwei Augen hat.
Könnte man den Satz umdrehen, den er gefunden hat?
Könnte man sagen: Es ist ein Kind Gottes, weil es von dir ist?
Dann wäre alles gut.

Und wieder schaut er nach draußen in die Nacht.
Aber dort ist keine Wahrheit.
Im Grübeln ist keine Wahrheit.
Im Zweifel ist keine Wahrheit.
Nur in der Liebe ist Wahrheit.
Nur in der Liebe.

Und er liebt Maria, dieses junge Mädchen, mit dem er von Nazareth nach Bethlehem geflohen ist. Und er beginnt, dieses Kind zu lieben, das da liegt in der Notunterkunft; das manchmal die Lippen öffnet, aber noch nicht die Augen.

Er dreht sich um.
Weg vom Fenster.
Spürt, dass er nicht ans Fenster gehört.
Spürt, dass er zu den Zweien gehört, die dort schlafen unter

der Decke, die die weite Reise von Nazareth nach Bethlehem mitgemacht haben.

Spürt: Am Fenster findest du keine Antwort.
Bei deiner Frau findest du Antwort.
Bei deinem Kind findest du Antwort.
Spürt, Antwort auf die wichtigen Fragen
gibt es nur in der Liebe.
Spürt, nur wenn du selbst liebst,
verstehst du das Geheimnis des Lebens.

Er versteht: Nur in der Liebe ist Wahrheit.
Aber da ist keiner, der ihm das übersetzt.
Nur ein Engel.
Vor Monaten war da ein Engel.
Und morgen noch ein Engel.
Der sagt schon wieder: Geh!
Noch findet Josef keine Ruhe.
Und so steht – als ob all die Fotografen seiner und unserer Zeit zu spät gekommen seien oder falsch belichtet hätten – so steht Josef meist abseits.
Steht zu spät gekommen.
Steht außerhalb des Lichts oder nur schwach belichtet.
Steht da, als ob er einer der Hirten sei.

Es ist sein Kind.
Es ist unser Kind.
Weil es Gottes Kind ist, ist es unser und Josefs Kind.

Und weil wir nur wenig haben, außer dem Akazienstock und den Kleidern, die man uns lässt, deshalb steht Josef da und hält schützend sein letztes Hemd um Maria und das Kind. Hält seinen Stock, der ihn begleitet hat von Nazareth nach Bethlehem, stützend um die Seinen. Es sind die Seinen.

Der Mensch ist eins mit Gott.
Josef hat gehört: Lass es gut sein, Josef.
Der Mensch ist eins mit Gott.
Maria hat es gespürt: Lass es gut sein, Maria.
Dein Kind wird die Vielen trösten, heilen, wird ihnen die Last abnehmen, wird ihnen eine Freude sein. Wird dafür sorgen, dass eins wird aus der einen Welt, aus dem dreieinigen Gott, aus Himmel und Erde, aus Zeit und Ewigkeit.

Wir machen uns Sorgen.
Wir rätseln um die Zukunft der Welt.
Sie könnte gerechter sein.
Wir rätseln um unser Miteinander und Auseinander.
Es könnte ehrlicher sein.

Du kannst dir deinen Mann nicht formen wie im Wachskabinett von Madame Tussaud. Du kannst dir deine Frau nicht formen wie im Wachskabinett von Madame Tussaud. Auch deine Kinder nicht. Erst recht dich selbst nicht. Du stehst nicht in einem Wachsfigurenkabinett. Du lebst.

Nun, lass es gut sein. Da kommt ein Engel und sagt: Es ist gut so, wie es ist. Da kommt ein anderer Engel und sagt: Geh schnell, man trachtet dem Kind nach dem Leben.

Nun, lass es gut sein, Josef.
Da ist noch manches zu machen.
Da wäre noch einiges zu lassen.
Lass zu, dass die Liebe wichtiger ist als dein Bild.
Und die Wahrheit tiefer ist als deine Pläne.
Und lass zu, dass es gut ist, so wie es ist. Mit dir. Ohne dich.
Lass es gut sein, Josef.
Nun lege einmal die Hände in den Schoß, Josef.
Andere stehen im Licht.
Aber du, Josef, hältst den Akazienstock und den weiten Mantel.

Und wenn sie dich auch im Schatten malen – auch du stehst im Licht.
Eines Tages. Josef.

»Josef« ist hebräisch und heißt übersetzt: Gott möge hinzufügen. Gott möge ergänzen.

Du kannst an Weihnachten die Hände in den Schoß legen.
Gott ergänzt.
Gott macht ganz.
Gott heilt.
Du kannst es gut sein lassen.

Lass es gut sein, Maria.
Lass es gut sein, Josef.
Das Kind in der Krippe macht das.
Und die Engel wissen den Weg.

*Weigere dich nicht, dem Bedürftigen Gutes zu tun,
wenn deine Hand es vermag.*
Sprüche 3,27

1. Sonntag nach dem Christfest

Wo gibt's denn so was?

Es war einmal ein kleiner Vogel. Der Sommer hatte ihn mit einer wunderbaren Stimme und mit glänzenden Federn beschenkt. Nun kam der Herbst, spielte mit seinem Farbenkasten und regnete Blätter. Welt, wie bist du schön …

Es kam der erste Winter für unseren kleinen Freund. Der weiße Winter deckte mit seinen kalten Nächten und mit seinem verschwiegenen Schnee alles zu – die Stimme des Sommers, die Farben des Herbstes, die Blätter und das Essen.

Erregt flatterte der kleine Vogel von Feld zu Feld, von Wiese zu Wiese: nichts zu essen, nichts zu spielen.
Ich habe Hunger.
So flatterte er ein, zwei, drei Tage, dann fiel er ermattet in den kalten Schnee.

Da kam eine Katze vorbei. Hunger im Magen. Sauer über die Nässe und Kälte: nichts zu essen, nichts zu spielen. Ich habe Hunger.

Sie sah den kleinen Vogel. Tappte auf ihn zu.
Was ist denn los mit dir?
Ach, alles schlecht, sagte der kleine Vogel.
Nichts zu essen, nichts zu spielen, ich habe Hunger.
Du auch?, sagte die Katze.

Und fand den kleinen Vogel plötzlich gar nicht mehr so zum Fressen, sondern eher niedlich und nett.
Sie unterhielten sich eine Weile, lachten miteinander. Und da fing der Schnee an zu schmelzen. Die Erde brach auf. Kleine grüne Halme zwängten sich durch harte Schollen, blühten in den schönsten Farben. Den zweien wurde es warm. Sie hatten was zu essen. Vegetarisch – aber immerhin, dachte die Katze. Und überall, wo sie hinkamen, schmolz der Schnee, und das Leben erwachte.

Doch – wenn du heute über Felder gehst und dort Vögel und Katzen triffst, hörst du nur: Alles Larifari! Wo gibt's denn so was? Vogel und Katze, Frühling im Winter? Wo gibt's denn so was?

Barmherzig und gnädig ist der Herr, geduldig und von großer Güte.
Psalm 103,8

Altjahrsabend

Das Testament

»Im Falle meines Ablebens nur in Gegenwart eines Notars zu öffnen«, stand auf dem Kuvert.
Darüber, dick unterstrichen: »Mein Testament«.

Die Tochter hatte es gefunden. Im Nachttisch. Neben dem Bett der Mutter, die über Nacht und Morgen nicht mehr aufgewacht war. (Annoncentext: »Sanft eingeschlafen«). Sofort verständigte sie den Bruder, verheiratet, Arzt in der Nähe von Worms, und die alleinstehende Schwester, Chefsekretärin in einer renommierten Sektkellerei im Rheinland.

Übergehen wir die Gespräche mit dem geschäftstüchtigen Bestattungsunternehmer (»Einfühlungsvermögen ist unsere Stärke – unsere Sachkenntnis Ihr Plus«), Pfarrer (»Bitte möglichst kurz und schmerzlos«) und Friedhofsamt (»Da hätten wir noch was in der Nähe einer großen Birke; ist halt viel Laub im Herbst, aber sonst ganz schön«).

Streifen wir die Bestattung nur kurz (wortlose Orgelklänge vom Band, pastorale Töne vom Pult mit einem leichten Zug aufgetragener Anteilnahme). Die Besucher waren in Gedanken teils beim Leichenschmaus, teils beim Fahrplan, teils beim Testament und teils mit der Entzifferung der Kranzschleifenaufschriften beschäftigt, bestenfalls versunken in zurückhaltendes Schweigen.

Übergehen wir auch den Leichenschmaus im ersten Restaurant der Stadt (bei kalter Platte, verschiedenen Käsesorten, einheimischem Trockenen und Selters) mit anfangs zähem, später gelösterem Austausch neuester Familiendaten und -einbrüche.

Knappe vier Wochen später der Termin im Notariat, Danziger Straße 12, 2. OG., Zimmer 124, dienstags um elf.
Als ob unsereiner nichts Besseres zu tun und nicht einen Stall voller Termine hätte! Aber gespannt waren sie alle. Hatte sie doch nicht nur sparsam gelebt, eine gute Rente bezogen und Pfandbriefe besessen, sondern auch auf den Platz im Altenwohnheim verzichtet und es vorgezogen, in der vertrauten Umgebung zu sterben. Was bei dem langen Krankenlager mindestens 60.000 Euro, wenn nicht noch mehr erspart hatte.

Dass sie überhaupt ein Testament verfasst und nicht einfach dem Gesetz alles überlassen hatte, machte die Sache spannend. Nun waren uneheliche Kinder von der Mutter nicht zu befürchten, ebenso wenig Anfälle karitativer Großzügigkeit, war sie doch zeitlebens den Hilfsorganisationen und deren Finanzgebaren mit Skepsis begegnet.

»Erbsache B., die Angehörigen bitte zum Notar!«
Der Aufruf vor dem Zimmer 124 (vier Sessel im Foyer, eine Couch, Schwitzkunststoff, Aschenständer, Glastisch) unterbricht die zurückhaltend geführten, nichtssagenden Gespräche über die Chancen des deutschen Mittelklassesektes (Prosecco midi) nach der Reform des europäischen Binnenmarktes.

Tochter (Oberstudienratsgattin), Sohn (Arzt) und Tochter (Chefsekretärin) begeben sich in dieser Reihenfolge ins Zimmer, an dessen rechter Front hinter zwei zusammengestellten Stahlrohrtischen ein freundlicher Endfünfziger mit Schreibhilfe die Eintretenden begrüßt.
Namen, Daten, Rückfragen.

»Vor Zeugen und vor den versammelten Angehörigen eröffne ich das Testament der am 17. des vergangenen Monats verstorbenen Berta Maria B., wohnhaft in N., geboren am 27.12.1909 in Leipzig, verwitwet seit 1964.«
Spricht's und schneidet mit einem silbernen Brieföffner (vermutlich ein Geschenk der Mitarbeiter zum 25. Dienstjubiläum) das braune Kuvert mit anfangs genannter Aufschrift auf.

Draußen die Kirchturmuhr der Stadtkirche schlägt wenig verspätet die halbe Stunde, ein Bus fährt an und im Nebenzimmer klingelt das Telefon.
Tiefflieger, Sirenen und Nachrichtensprecher schweigen ausnahmsweise, die städtische Polizei verzeichnet an diesem späten Vormittag keine besonderen Vorkommnisse. Im Gegenteil, es ist so ruhig auf dem Posten, dass Wachtmeister R. endlich Zeit findet zu einem Gespräch mit dem Kollegen in Scheidung, der verdächtig oft zur Flasche greift. Nach dem Dienst, versteht sich.

Betretenes Schweigen des eben noch freundlichen Beamten. Tastender Griff und Blick ins Kuvert, dem er einen Bogen weißen Papiers entnommen und dessen Inhalt ihn augenscheinlich ziemlich aus der Fassung gebracht hatte. Selten genug in 34 Dienstjahren.

Unruhe vis-à-vis der Stahlrohrtische.
Blicketausch.
Leichtes Hüsteln und Griff nach dem Taschentuch.
Als ob das Knacken des verzinkten Metallverschlusses der krokodilledernen Handtasche den Beamten aus Träumen gerissen und jäh in das fade Grau seiner Anstalt des Rechts zurückgeholt hätte:
»Meine Damen, mein Herr! Ich bin doch etwas überrascht über den Inhalt des Testaments Ihrer verehrten Frau Mutter. Entschuldigen Sie bitte mein kurzes Zögern.«

Sommer 56 oder 57, damals noch als Referendar, hatte er eine ähnlich peinliche Szene durchzustehen. In einem nicht vorherzusehenden Wutanfall hatte eine minderjährige Dirne aus dem Hafenviertel der Großstadt sich vor dem Richter entkleidet und angeboten, in Naturalien zu bezahlen. Lange vor den Studentenunruhen und den sich in ihrem Gefolge häufenden Prozessen, denen anfangs so viele, wie auch er, nicht gewachsen waren, in denen man sich mehr und mehr an Ungehörigkeiten im Gerichtssaal gewöhnte, war dies eben eine besonders peinliche Situation.

Warum er sich eben jetzt daran erinnerte?
Ungehörig?
War das Testament ungehörig?
Oder war es ihm einfach peinlich, zu eröffnen, was da als Zeitbombe Monate, nein – mit Blick aufs Datum – Jahre in der Nachttischschublade vor sich hingeschmort hatte?

Sie wollen endlich wissen, was in dem Testament stand?
Das eben wollten die Angehörigen auch, die noch deutlicher als zuvor die kurze gedankliche Abwesenheit und eine leichte Röte im Gesicht des Beamten bemerkt hatten.

»Nun«, mehrmaliges Räuspern, »nun, Ihre verehrte verstorbene Mutter schreibt hier unter dem Datum vom 5. Mai 2004 handschriftlich unter der Überschrift ›Mein letzter Wille‹ nur ein einziges Wort. Sie schreibt: ›Nein!‹«
Bei diesen Worten stand er auf, reichte dem Arzt das Schreiben mit einer hilflos-entschuldigenden Geste.

»NEIN!«

Wie eine Wand stand dieses »NEIN!« im Zimmer.
Und wann immer in den kommenden Tagen und Wochen die »Erben« an diesen Augenblick dachten, war es, als ob sie mit

dem Kopf gegen eine Wand hämmerten. Das »NEIN!« der Mutter war solide Maurerarbeit.

Über Jahrzehnte gereift, ohne Hast und Fertigbauteile. Einfamilienhäuser, Türme, selbst Kirchen werden heute schneller gebaut als diese eine Wand aus vier Buchstaben und einem Ausrufungszeichen.

Was im Amtszimmer noch folgte, war ein kurzer, erklärender, aber nichtsdestotrotz peinlicher Dialog zwischen Notar und Erben über die juristische Situation, entschuldigendes Vertrösten auf weitere Recherchen und freundliches, mit sachtem Hinweis auf den weiteren Terminkalender des Notars begründetes Hinauskomplimentieren.

Schon auf dem Weg zum nahegelegenen Restaurant, dann dort in mittelalterlichen Gewölben an schweren Tischen zwischen Pommes-frites-Geruch, Kellnerschweiß und Küchengeräuschen zweites Herantasten an die Mauer, vorsichtiger als beim ersten Versuch. Doch ebenso erfolglos.

Berta Maria B. aus N. war mit einem dissonanten Paukenschlag verschieden, dessen Hall sich in keinem der drei am ersten betroffenen Leben jemals legen sollte.

Arzt, Chefsekretärin und Oberstudienratsgattin scheiterten auch am Versuch, sich eigene Versionen oder Interpretationen zurechtzulegen.

Zu jeder Erklärung sprach die Verstorbene ihr »NEIN!«.
Zu allen Versuchen, sich aus der Verantwortung zu begeben – NEIN!
Nein zu Schuldzuweisungen und nein zu psychoanalytischen Tiefgängen.
Nein zu Flüchen und nein zu Gebeten.

Nichts, was dieses NEIN erklärend aufgelöst hätte in ein »Also unter diesen Bedingungen dann doch eben Ja«.
Es gab keine solchen Bedingungen. Sie waren nicht mehr zu rekonstruieren, ebenso wenig, wie das Verschwinden des Geldes, der Pfandbriefe, der vermuteten Sparbücher oder ähnlicher Besitztümer zu rekonstruieren war.
Der Verkauf der Möbel an einen An- und Verkauf-Händler am Ort (»Übernehme ganze Nachlässe, Wohnungsauflösungen gleich welchen Zustands sofort, ohne Aufsehen und gegen bar«) reichte, um Bestattungskosten und Leichenschmaus zu finanzieren.
Mehr war nicht.
Außer dem Stück Papier mit dem einen Wort aus vier Buchstaben mit Ausrufungszeichen.

Der sympathische Reisende im Zug zwischen Frankfurt und Münster hatte wohl bei manchen Passagen seiner Geschichte sichtbar erregt, aber keinesfalls unglaubwürdig gewirkt.

»Wie viele alte Frauen«, meinte er beim Aufstehen angesichts der ersten Hinweise auf den Hauptbahnhof Frankfurt, »nehmen ihr eigentliches Testament mit ins Grab und verteilen anstelle dessen den Besitz. Bei meiner Mutter war das anders. Gerade das Gegenteil. Ihren Besitz, oder besser: Das Geheimnis um ihren Besitz nahm sie mit ins Grab. Und uns hat sie ein Testament hinterlassen. Ich versteh's, und doch wieder nicht. Was hat sie nur gemeint? Oder wen? Und warum? Und seit wann?«

Wir haben hier keine bleibende Stadt, sondern die zukünftige suchen wir.
Hebräer 13,14

Neujahr

Alechandro

Alechandro war alt geworden, hatte die Fülle des Lebens ebenso erlebt wie die Not. Nun wohnte er für seine letzten Jahre in einer einfachen Hütte am Meer, fernab von den bevölkerten Stränden mit ihrem Lärm, der die Ohren beleidigt, und fernab von dem Getriebe, das die Seele ermüdet. Er lebte von dem, was das Meer ihm schenkte, und von dem, was in seinem kleinen Garten wuchs. Ich hatte im Spätsommer zufällig den Weg zu seiner Hütte gefunden. Wir kamen ins Gespräch, und er erzählte:

»Als ich ein Kind war, sagte man über mich:
›Das ist Alechandro, der Sohn des Austernfischers Alvarez. Ganz der Vater.‹
Als ich ein großer Junge war, sagte man:
›Das ist Alechandro, er lernt bei Enrice an der Werft unten am Hafen. Kann mit Holz umgehen wie sein Großvater, der vor dem Krieg alle Fischerboote baute, die aus unserem Hafen liefen.‹
Als ich erwachsen war, sagten sie:
›Das ist Alechandro, der Mann von Maria, die vor der Kathedrale Madre de Dios auf dem Markt den herrlichen Blumenstand hat. Sein Vater war Austernschiffer. Er ist damals bei dem großen Sturm auf See geblieben.‹

Eines Tages sagte ich mir:

Ein Mensch muss doch einmal herausfinden, wer er selbst ist.
Also bin ich hierher gegangen, um Alechandro zu suchen.«

»Und?«
»Er ist so scheu.
Wir brauchen Geduld miteinander.
Kommen Sie nächstes Jahr wieder, vielleicht, dass ich ihn dann besser kenne.«

Alles, was ihr tut mit Worten oder mit Werken, das tut alles im Namen des Herrn Jesus und dankt Gott, dem Vater, durch ihn.
Kolosser 3,17

Neujahrstag

Die Distelfalterraupe

Die Distelfalterraupe hat es sich über den Winter in ihrem Haus gemütlich gemacht, dunkel, wohlig und warm. Hört nichts vom Eisregen, der die Straßen in Schlittschuhbahnen verzaubert. Sie sieht erst recht nicht, wie der Schnee sich weich und sacht auf Äste, Zäune und Dächer legt. Sie ahnt nichts von gefräßigen Vögeln und vom Spaten des Gärtners. Sie schläft lange und frisst ein wenig, schläft wieder und frisst wieder ein wenig.

Es ist alles gut.

Doch wenn die Frühlingssonne den letzten Rest Schnee weggetaut und die letzte Pfütze ausgetrocknet hat, spürt sie immer deutlicher die Wärme und mit der Wärme die Freude am Leben.

Eng wird es in ihrem Haus, der Magen knurrt. Sie spürt etwas in sich wachsen, weiß nicht damit umzugehen, drückt und beißt und stemmt, bis die dunkle Mauer an einer Stelle aufbricht.

Das grelle Licht muss anfangs schrecklich sein. Doch sie wird sich daran gewöhnen. Wird sich durchbeißen, wird ins Freie kriechen mit letzter Kraft. Wird taumeln, liegen bleiben, sich von der Sonne trocknen lassen. Schließlich nach Stunden wird sie sich recken und strecken, wird aufgeregt flattern, wird fliegen lernen und schweben und tanzen im Wind. Wird die Welt entdecken zwischen Apfelbaum und Wäschenetz.

Hat keine Ahnung von ihrer Schönheit, vom verwirrenden Farbenspiel ihrer Flügel. Lebt nur, um zu leben.

Aber was heißt da »nur«.
Sie lebt und ist einmalig.

Sie ist ein grandioses Danklied an ihren Schöpfer.
Und weiß nichts davon.

*Wir sahen seine Herrlichkeit, eine Herrlichkeit
als des eingeborenen Sohnes vom Vater, voller Gnade und Wahrheit.*
Johannes 1,14

2. Sonntag nach dem Christfest

bin ich mir

sie hatten die Wahl
und sind gescheitert

sie hatten die Zeit
und nutzten sie nicht

sie hatten die Liebe
und reizten zu hoch

und nun diese Leere
gefüllt mit bescheidenen Blättern

keinen Anfang gewagt
keine Geschichte zu Ende erzählt
keine Mitte gefunden
aus und vorbei

Herrlichkeit
aus und vorbei

doch
morgen noch
blüht
dem die Sehnsucht reift
ein gutes Wort

da bin ich mir
sicher

bin ich
mir
morgen noch
sicher

wenn
du mich fragst

Die Finsternis vergeht, und das wahre Licht scheint jetzt.
1. Johannes 2,8

Epiphanias

Drei Könige lernen teilen

Die drei Könige waren lange beim Kind gesessen. Dankbar, voll von den Eindrücken am Ziel ihrer langen Reise. Jeder von den Dreien hatte seine Geschenke neben die Krippe gelegt. Nun nahmen sie Abschied.
Doch jeder dachte bei sich: Ich will zur Erinnerung an das wunderbare Geschehen eine Kleinigkeit mitnehmen. Aber außer ihren Geschenken war wenig im Stall, und das Wenige wollten sie dem Kind und seinen Eltern lassen.

So nahm der eine König etwas Erde vom Boden, füllte sie in einen Beutel und hängte ihn an seinen Mantel.
Der andere König füllte etwas Wasser aus dem Trog in ein Fläschchen, verschloss es gut und legte es in seine Reisetasche.
Der dritte König bat um einige Strohhalme aus der Krippe. An einem Halm war sogar noch eine ganze Ähre mit Körnern. Stroh und Ähre verwahrte er ganz sorgfältig in einem Kästchen.

Draußen war es schon fast wieder Tag. Der Himmel wurde heller, und die vielen Sterne verloren immer mehr an Kraft. Nur der große Stern, der ihnen den Weg gezeigt hatte, leuchtete noch kräftig, als wolle er das Wunder der Nacht in den Tag hineinstrahlen lassen.

Schweigend traten die Könige vor die Hütte. Schweigend umarmten sie sich und schweigend nahmen sie Abschied voneinander. Dann gingen sie auseinander, jeder in sein Land. Der eine nach Osten, der andere nach Süden, und der Dritte nach Westen.
Sie waren erfüllt von dem, was sie gesehen und gehört hatten, und freuten sich darauf, zu Hause von allem erzählen zu können.

Der König des Ostens ritt auf einem schwarzen Pferd.
Der König des Südens ritt auf einem Kamel.
Und der König des Westens fuhr mit einem Schiff.
So kamen sie alle recht schnell zu Hause an. Wem immer unterwegs sie begegneten, erzählten sie von dem Wunder im Stall und zeigten ihre Schätze. Der König des Ostens zeigte das Wasser, der König des Südens zeigte die Erde und der König des Westens die Ähre mit den Körnern.

Doch welch ein Erschrecken, als sie zu Hause ankamen. In allen Ländern weinten die Menschen, waren traurig und lebten in Angst.
Das Land im Osten war nach einem großen Unwetter überschwemmt. Deiche waren gebrochen, Felder und Äcker überflutet, nichts konnte wachsen. Die Menschen hungerten und waren ohne Hoffnung. Ohne feste Erde und ohne Saatgut konnten sie nicht leben.
Das Land im Süden litt seit Jahren unter einer großen Dürre. Kein Regen war gefallen. Die Erde war verkrustet und trocken. Nichts konnte mehr wachsen. Die Menschen hungerten und verzweifelten. Ohne Wasser war alles aussichtslos.
Das Land im Westen war durch ein großes Erdbeben zerstört. Die Lebensmittel wurden immer knapper, und die Menschen begannen schon, sich um ein Stück Brot zu schlagen. Ohne Hilfe von außen waren sie verloren.

Da waren also die drei Könige nach langer Zeit endlich wieder zu Hause, wollten erzählen von der Geburt des Erlösers, und nun dies. Verzweifelt saßen sie da, der König im Osten vor der Überschwemmung, der König im Süden vor der Dürre und der König im Westen vor den Trümmern in seinem Land. Geblieben waren ein Beutel Erde, eine Ähre, ein Fläschchen mit Wasser. Mehr nicht. Kein Gott, keine Hilfe, kein Engel und kein Kind. Nicht einmal ein Stern am Himmel.

Fast gleichzeitig, als sie so traurig dasaßen, schauten sie zum Himmel. Da war er! Da war der große Stern! Der Stern, der ihnen schon einmal den Weg gezeigt hatte zum Kind und seinen Eltern. Das musste ein Zeichen sein, ein Zeichen Gottes, der ihnen helfen wollte.

Schnell packten sie ihre Reisetasche und vergaßen nicht die Erde, das Wasser und die Ähre. Der König im Osten nahm das schnellste Pferd seines Landes, der König im Süden das schnellste Kamel, der König im Westen bestieg das schnellste Schiff. Und so war es kein Wunder, dass sie nach wenigen Tagen Reise mit der Hilfe des Sterns aufeinandertrafen. Aber da war kein Stall, kein Kind und keine Eltern. Da waren nur sie. Betreten schauten sie sich an. Jeder holte aus seiner Tasche, was er damals mitgenommen hatte im Stall von Bethlehem. Der König des Ostens das Wasser, der König des Südens die Erde und der König des Westens die Ähre. Da lagen die Schätze nebeneinander: Erde, Wasser und Weizenkörner.

Jeder erzählte vom Unglück in seinem Land. Vom Wasser, von der Dürre, vom Erdbeben. Und jeder erzählte, was seinem Volk so dringend fehlte. Und als sie so zu dritt beisammensaßen um Erde, Wasser und Ähre, da gingen ihnen die Augen auf. Sie merkten: Wenn wir zusammenlegen, die Erde, das Wasser und die Körner, dann kann Weizen wachsen, Brot für unsere Menschen. Eigentlich müssen wir nur teilen, was wir

haben. Eigentlich müssen wir nur die Grenzen öffnen, teilen und zusammenlegen. Wenn wir so teilen, dann reicht das Brot eines Tages für die ganze Welt. Sie umarmten sich und nahmen Abschied.
Zu Hause angekommen, gaben sie den Soldaten Befehl:
»Öffnet die Grenzen!
Teilt, was ihr habt!
Gebt ab, was den anderen fehlt!«

Und so teilten die Völker des Südens, des Westens und des Osten, was sie hatten. Kein Mensch musste vor Hunger sterben.
»Danke, lieber Gott«, sagten alle Menschen im Osten, Süden und Westen, »danke lieber Gott, dass das Kind in der Krippe unseren Königen einen Weg gezeigt hat aus dem Elend.«

Und sie feierten alle miteinander ein großes Fest, kunterbunt, wie es auf der Erde bis dahin noch nie gefeiert worden war.
Und die Könige sandten Boten aus dem Land des Ostens, aus dem Land des Südens und aus dem Land des Westens zum König des Nordens. Und den Boten gaben sie als Zeichen des Wunders Erde, Wasser und eine Ähre mit.
Der Stern begleitete die Boten auch in das Land des Nordens. Die Boten erzählten auch im Land des Nordens vom Kind in der Krippe, vom Heiland der Welt, von den Engeln, vom Frieden und von dem Wunder, das sie selbst erlebt hatten.

Und so erreichte die wunderbare Nachricht von der Geburt des Erlösers auch unser Land.

Welche der Geist Gottes treibt, die sind Gottes Kinder.
Römer 8,14

1. Sonntag nach Epiphanias

Schnee

Ein lichter Zauber liegt auf jedem Blatt.
Ein Körnchen Wahrheit liegt auf jeder Seele,
dass sie sich nicht auch noch im Dunkeln quäle,
wo doch das Leben so viel Qualen hat
und wenig Licht.

Ein kleiner Himmel tropft in jedes Herz.
Ist munter und treibt wortreich dicke Blüten.
Ist Balsam jetzt nach vieler Herbste Wüten
und wehrt im Ostwind jedem heißen Schmerz
und windet sich.

Ein purer Frieden schneit auf jedes Haus.
Nach warmen Nächten endlich nun der Morgen,
nach wirren Träumen und nach satten Sorgen
muss doch das Warten ledig sein und aus.
Ich friere nicht.

Das Gesetz ist durch Mose gegeben;
die Gnade und Wahrheit ist durch Jesus Christus geworden.
Johannes 1,17

2. Sonntag nach Epiphanias

Feiertag

nimm
ein Scheit Holz
raumasern
einsfrüher
müde

nimm
drei Pfund Leben
wunderzahm
leuchtinnen
weit

nimm
zwei Lider Augen
deinmein Traum
wunderwas
heute

nimm sanft
du warst schon
und staune
was wird
wenn du lässt

Es werden kommen von Osten und von Westen, von Norden und von Süden, die zu Tisch sitzen werden im Reich Gottes.
Lukas 13,29

3. Sonntag nach Epiphanias

Derwisch

Er hatte sich nicht vertan an der Tür.
Er hatte sich nicht vertan in unserer Garage.
Er hatte auch kein Schuldbewusstsein, kein »schlechtes Gewissen«.
Ich kannte ihn vom Sehen. Immer wieder einmal kam er an unserem Haus vorbei, leicht gebeugt, mit raschen Schritten, immer aufmerksam.
Ich ging zu unserer Garage.
Fand ihn dort suchend.
Er drehte Abgelegtes in den Händen und schaute auf, als ich kam.

»Suchen Sie etwas?«
Dümmer kann man nicht fragen.
Doch ich hatte noch nie einen Menschen gesehen, der so neugierig – ach was, »Gier« beschreibt nicht sein »Interesse« – in unserer Garage am Werk war.
Da liegen die Sommerreifen, die bald aufgezogen werden müssen.
Da liegt noch etwas Holz für den Kamin.
Da liegen Schlitten und Skateboards durcheinander.
Da liegen Dinge, die niemanden etwas angehen.

»Suchen Sie etwas?«
»Gerne den Kinderwagen und das alte Fahrrad. Sie wissen,

ist alles sehr teuer. Muss sparen. Vier Kinder. In Deutschland kalt. Nicht einfach.«

Ich habe ihn freundlich gebeten, zu gehen.
Später, bei Besuchen, erfuhr ich, dass er auch in den Nachbarhäusern auf der Suche war. Ein türkischer Mann, etwa um die 60 Jahre. Graues Haar, runde Mütze, Mantel aus Stoff, eher klein gewachsen. Weiß Gott nicht unsympathisch. Eher ganz sachlich:
»Gerne den Kinderwagen und das alte Fahrrad. Sie wissen, ist alles sehr teuer. Muss sparen. Vier Kinder. In Deutschland kalt. Nicht einfach.«

Ich habe ihn weggeschickt.
Sah ihn immer mal wieder vor dem Haus und öffnete hörbar das Fenster.
Er ging dann wortlos.
Kommentarlos.
Ohne Emotion.
Ging einfach die Gartenstraße weiter, in der wir wohnten.

Monate später gab es eine Einladung ins große Konzerthaus unserer Kleinstadt. Muslime hatten mich eingeladen. Ich war engagiert im christlich-muslimischen Dialog. Hatte keine Berührungsängste. Warb für mehr Miteinander, lud die Muslime in unsere Kirche, besuchte und betete in ihren Moscheen, stand mit ihren Ältesten um unseren Altar. War stolz auf meine Bemühungen.

Auf der großen Bühne, auf der sonst Thomas Hellenbrock dirigiert oder ein tschechisches Quartett musiziert, stand er mit sechs oder sieben oder zehn anderen. Musik vom Player hatte eingesetzt. Alle in hellen Gewändern. Wenige Anweisungen. Und dann drehten sie sich, wirbelten um sich selbst, rezitierten Koranverse.

Er war nicht der Beweglichste. Ging barfuß wie alle. Hatte knorrig-alte ‚rissige Füße und Zehen. Aber er drehte und drehte und sang und sang. Und das war gut so.
Kein Vorbehalt.
Kein Blick ins Publikum.

Ein älterer Herr.

Heute würde ich ihm einen Kinderwagen schenken,
ihn zu einem Tee einladen
oder ihn bitten, für mich zu tanzen.

Kommt her und sehet an die Werke Gottes,
der so wunderbar ist in seinem Tun an den Menschenkindern.
Psalm 66,5

4. Sonntag nach Epiphanias

Der Unterschied

Es war einmal ein Regenwurm,
der saß ganz oben auf dem Turm
und staunte gar nicht schlecht.
Echt.

Ein andrer Wurm am Straßenrand
voll Staub und Hitze, Teer und Sand,
der fand das Ganze schwach.
Ach.

So ist's mit Sonne, Mond und Stein:
Dem einen sind sie winzig klein,
dem andern wunderbar.
Klar.

*Der Herr wird ans Licht bringen, was im Finstern verborgen ist,
und wird das Trachten der Herzen offenbar machen.*
1. Korinther 4,5b

5. Sonntag nach Epiphanias

Das Wollknäuel

Der Weise fragte: »Weißt du, wie Gott dein Leben sieht?«
Ich antwortete:
»Ich weiß nicht, wie Gott mein Leben sieht. Vielleicht wie ein Buch, in dem alles geschrieben steht?«
Er sagte:
»Gott sieht mehr, als du in ein Buch schreiben kannst.«
Ich meinte:
»Dann vielleicht wie ein Weidengeflecht?«
Er antwortete:
»Gott sieht deutlich mehr, als du in ein Weidengeflecht flechten kannst.«
Ich machte einen letzten Versuch:
»Vielleicht sieht Gott mein Leben wie einen langen Weg?«
»Du bist nahe an der Wahrheit«, sagte der Weise. »Aber Gott sieht weiter, als du je gehen könntest.«
»Dann lass du mich wissen, wie Gott mein Leben sieht.«

Er antwortete:
»Gott sieht dein Leben wie ein Wollknäuel.
Es wiegt, wenn du es in der Hand hältst, vielleicht fünfzig Gramm und misst vielleicht zehn Zentimeter im Durchmesser. Legst du den Faden aber aus, so misst er zweihundertfünfzig Meter oder mehr. Wickelst du den Faden zu einem Knäuel, dann siehst du bald den Anfang nicht mehr.

Immer mehr ist verborgen: Einzelne Strecken, kurze Abschnitte, Erlebtes, Träume, Gespräche, Briefe, Erlebnisse, Gedanken, Freud und Leid, Glück und Schlimmes – alles ist verborgen unter den obersten Fadenwindungen.
Wenn du dein Leben betrachten wolltest, du müsstest das Wollknäuel auflösen, den Faden in die Länge legen und bis zu seinem Anfang zurückgehen. Du müsstest jede Stelle des Fadens einzeln betrachten, um dies oder jenes aus deinem Leben zu erfahren.

Gott sieht anders.
Gott sieht dein Leben wie ein ganzes Wollknäuel, alles in einem und auf einmal.
Gott sieht dich ganz.
Für ihn gibt es nicht Vergangenheit und Zukunft.
Für ihn gibt es nur dich auf einen Blick.
Und das Schöne ist: Er hält das Wollknäuel in seiner Hand.
Er wird den Faden deines Lebens nicht verlieren.
Und wenn dich die Kraft verlässt, dann webt er weiter.«

Über dir geht auf der Herr,
und seine Herrlichkeit erscheint über dir.
Jesaja 60,2

Letzter Sonntag nach Epiphanias

Erinnerung

Plötzlich, es war morgens gegen halb neun, und die Sonne hatte der belebten Straße noch keine Wärme geschenkt, spürte er mitten auf der Kreuzung, dass ihm etwas fehlte.
Die Hand griff an die Stirn.
Verhielt im eigenen Haar.
Der Schritt stockte.
Die Augen schlossen sich.

Er hatte kein Gefühl für das Stoßen und Drängen der Menschen, die an ihm vorüberhasteten.
Er hatte keinen Blick für die Ampel, die auf Rot schaltete.
Er hatte kein Ohr für die Stimmen, das Hupkonzert und die aufheulenden Motoren. Mitten auf der Straße stand er, die Hand vor den Kopf geschlagen, Augen geschlossen.
Bewegungslos, als sei er da hingestellt worden wie ein Denkmal, eine Plastik, eine Litfaßsäule.
Es war ihm, als sei alles blockiert:
Sprache, Bewegung, Gehör, Gesicht.

Da war ein Gedanke.
Eine Erinnerung.
Ein Geruch von frischer Minze, die heitere Leichtigkeit eines taufrischen Sommermorgens.
Dieses Kribbeln am ganzen Körper.

Diese Sehnsucht nach Sonne und Leben und Licht.
Dieses Bad im Glück.
Dieser einzigartig gute Druck im Magen.
Dieser Schmerz zwischen Sehnsucht und Erfüllung.
Diese zwanzig und mehr Sinne, Haut und Haar, Hand und Mund, Magen, Nase, Herz – alles atmet, alles giert nach Leben, alles ist jetzt und hier und ganz.

Als ob sich alles ihm einverleibte, Wiesen und Bäume, Gärten und Sonnen, Steine und Erde, Bäche, Blüten und Erde.
Diese taufeuchte Erde, nichts riecht mehr nach Leben als diese Erde.
Schon als Kind hatte er sich hinausgestürzt in solche Morgen.
Wie ein Vogel in den Wind, wie ein Löwe auf Beute, wie ein Verdurstender auf Wasser.

Er hörte nicht das Hupen, die Flüche, den Spott.
Spürte kaum, wie ihn einer griff und zum Gehweg brachte.
Merkte nicht, wie er an die Scheiben einer Gärtnerei trommelte und schrie:
»Ihr habt sie umgebracht!«

Stürzte rasend in ein Kaufhaus, Tränen im Gesicht, kaufte bunte Kreide, warf sich mitten in der Stadt auf den Boden, spürte die Sonne kräftigend auf dem Rücken, ließ sich wärmen, malte bunte Blumen auf den Asphalt, Wiesen, Bäume, tanzte in seinem gemalten Garten, griff in die Erde, die nur er roch, schwang sich mit Schmetterlingen der Sonne entgegen, weit über die Horizonte der Bankhäuser und Glitzerpaläste hinweg in eine Weite, die ihm schier das Herz aus dem Leib riss, und lachte, weinte, lachte, weinte, fiel und wurde gehalten – und sanft zur Seite gebracht.

Dort kauerte er, schwer atmend.
Spürte wieder den Asphalt unter den Füßen, den Beton im Rücken.

Sah die Tasche neben sich liegen mit den Akten, die er von zu Hause mitgebracht hatte.
Wich den Blicken der wenigen stehen gebliebenen Passanten aus.
Hörte Fragen wie:
»Geht es Ihnen wieder gut?«
»Ist alles in Ordnung?«
»Sollen wir einen Arzt rufen?«

»Nein, es ist gut«, sagte er leise, »es ist gut.«

Nahm die Tasche, klopfte den Staub vom Mantel, mengte sich in den Menschenstrom und verlor sich zwischen Busstationen, Markthallen, Versicherungspalästen und Parfümerien.

*Wir liegen vor dir mit unserm Gebet und vertrauen nicht
auf unsre Gerechtigkeit, sondern auf deine große Barmherzigkeit.*
Daniel 9,18

Septuagesimae

Das fünfte Rad

Es ist ein trauriges Leben.
Wer seine Tage immer als Reserverad gefristet hat, wird mich verstehen.
Entweder man hat dich unters Auto geschraubt, und du siehst nichts von der Welt außer Asphalt, Beton, Teer, Pfützen und Dreck.
Oder du liegst unter dem Rücksitz, unten im Kofferraum oder irgendwo im Autoinnern versteckt im Dunkeln.

Es ist ein trauriges Leben als fünftes Rad.
Du bist nur hinderlich, zu nichts nütze, nimmst Platz weg.
Als fünftes Rad brauchst du vor allem eines: Geduld.

Seit gestern ist alles anders.

Wir waren unterwegs, als der Wagen plötzlich zu rattern, zu holpern und zu schlingern anfing und schließlich am Straßenrand zu stehen kam.

Ich hörte so etwas wie: »... noch einmal Glück gehabt!« und: »Reifen kaputt.«
Dann sagte eine andere Stimme: »Gott sei Dank, wir haben ja noch das Ersatzrad.«

Der Rest ist schnell erzählt: Wagenheber, aufbocken, Schraubenschlüssel, Radmuttern lösen, Rad wechseln.

»Gott sei Dank, wir haben ja noch das Ersatzrad.«
Nun bin ich nicht mehr Ersatz.
Ich bin vorne links und laufe wie eine Eins.

Es ist schön, ein Ersatzrad zu sein.
Wenn du die Geduld nicht verlierst.

Heute, wenn ihr seine Stimme hören werdet,
so verstockt eure Herzen nicht.
Hebräer 3,15

Sexagesimae

Die Glocken läuten

Die Glocken läuten, Herr, nun gib uns Stille.
Wir sind ein kleiner Ton im Lobgesang.
Wir wollen Danklied sein. Es ist dein Wille,
dass aus der Stille wächst ein großer Klang.

Die Glocken läuten, Herr, nun gib uns Weite.
Wir sind ein kleiner Ort im Erdenrund.
Nimm uns die Furcht, die Enge, Herr, und leite
aus kargem Boden uns auf guten Grund.

Die Glocken läuten, Herr. Nun sei uns Segen
das Singen, Beten, Schweigen und das Wort.
Wir sind beschwert, komm du uns selbst entgegen.
Gib uns Gewissheit, trag die Zweifel fort.

Die Glocken läuten, Herr. Woher wir kamen,
was gestern war, was uns die Woche bringt:
Wir feiern Gottesdienst in deinem Namen.
Die Glocken läuten, Herr. Die Schöpfung singt.

Seht, wir gehen hinauf nach Jerusalem, und es wird alles vollendet werden, was geschrieben ist durch die Propheten von dem Menschensohn.
Lukas 18,31

Estomihi

Kreuzen ging er immer aus dem Weg

Kreuzen ging er immer aus dem Weg.
Das war einfach so.
Und man wusste das.

Traf man sich auf dem Friedhof vor dem abendlichen Fest, um an die verstorbenen Klassenkameraden zu erinnern, dann drückte er sich am Eingang herum oder kam erst später dazu. Im »Goldenen Adler« eben oder in der »Krone«.
Ging er mit der Familie wandern, dann suchte er die Wege selbst aus. Nicht selten waren darunter Umwege. Erst als die Kinder älter waren, wunderten sie sich. Auf die Umwege angesprochen, reagierte er mürrisch. Später ging er nicht mehr mit.

Am Fünfundsechzigsten kam die Pfarrerin, brachte Blumen, Grüße der Kirchengemeinde und ein kleines Verteilheft. Fragte, ob er sich nicht mit seiner beruflichen Erfahrung als Kaufmann einbringen könne in die Kirchengemeinde. Es gäbe Engpässe, finanzielle Probleme – und sie habe nicht die geringste Ahnung. Er aber könnte …
Als die Frau in die Küche ging, um Kaffee nachzuholen, meinte er nur kurz: »Wenn Sie das Kreuz wegmachen würden auf dem Altar. Aber das können Sie ja nicht.«
Jung – und kriegserfahren nur aus Filmen –, dachte sie sich we-

nig dabei. War wohl etwas irritiert, aber ging bald. Er hatte das Gespräch kurz danach abgebrochen. Trotz frischem Kaffee – »Aber Eugen, wenn die Frau Pfarrer schon mal da ist!« – und belegten Brötchen mit Lachsersatz.

Ich erinnere mich, was Max Frisch in seinen Tagebüchern berichtet. Unter der Überschrift »Café de la Terrasse« schreibt er:

»Jemand berichtet aus Berlin: Ein Dutzend verwahrloste Gefangene, geführt von einem russischen Soldaten, gehen durch eine Straße; vermutlich kommen sie aus einem fernen Lager, und der junge Russe muss sie irgendwohin zur Arbeit führen oder, wie man sagt, zum Einsatz. Irgendwohin; sie wissen nichts über ihre Zukunft; es sind Gespenster, wie man sie allenthalben sehen kann. Plötzlich geschieht es, dass eine Frau, die zufällig aus einer Ruine kommt, aufschreit und über die Straße heranläuft, einen der Gefangenen umarmt – das Trüpplein muss stehen bleiben, und auch der Soldat begreift natürlich, was sich ereignet hat; er tritt zu dem Gefangenen, der die Schluchzende im Arm hält, und fragt:
›Deine Frau?‹ ›Ja –.‹
Dann fragt er die Frau:
›Dein Mann?‹ ›Ja –.‹
Dann deutet er ihnen mit der Hand:
›Weg – laufen, laufen – weg!‹
Sie können es nicht glauben, bleiben stehen; der Russe marschiert weiter mit den elf andern, bis er, einige hundert Meter später, einem Passanten winkt und mit der Maschinenpistole zwingt, einzutreten: damit das Dutzend, das der Staat von ihm verlangt, wieder voll ist.«
(Aus: Max Frisch, Tagebuch 1946-1949. © Suhrkamp-Verlag, Frankfurt am Main 1985)

Ob ich verstanden habe, weiß ich nicht.
Die Pfarrerin war auf eine andere Stelle gewechselt.
Ich kam ihn besuchen, da war er achtzig. Wieder freundliche

Worte. Allerdings keine Bitte mehr um Einbringung seiner Gaben, denn er lag schwer.
Über die Jahre wachsen Eheleuten und Liebenden erstaunliche Flügel. Sie ließ uns für zwanzig Minuten allein.
»Wenn Sie gerade da sind, dann kann ich ...«
Erst einige Minuten Schweigen.
Dann er mit schwacher Stimme:
»Da waren Frauen. Die hatten Kinder im Arm. Eine hatte eine Kuh dabei. Ich habe die Kuh erschossen. Ein anderer eine Frau, die zu laut geschrien hat. Verstehen Sie? Wir haben für die Frau ein Grab geschaufelt. Aus Ästen ein Kreuz gemacht. Irgendwo in Russland. Sie haben mich mit einem der letzten Flieger heimgeholt.«

Kreuzen ging er immer aus dem Weg.
Das war einfach so.
Und man wusste das.

Doch keiner hatte eine Ahnung. Nicht einmal die Frau, geschweige denn die Kinder. Er trug diese Last gut 50 Jahre mit sich. Den Hunger. Die Kuh. Die Frau und das Kreuz. Und eine Schuld, die ihm keiner abnahm.

Wir alle sehnen uns nach Lösungen, suchen leidfreie Lebensläufe und erfolgreiche Wege für die Kinder und Enkel. Doch da sind Wunden, die nicht heilen wollen, Wege, die sich immer nur als Vorwurf kreuzen.

Einer stirbt am anderen. Einer leidet am anderen. Keiner, der wirklich Zuschauerin oder Zuschauer bleiben kann. Keiner, der weglaufen kann, sich schützt mit noch logischen und einsichtigen Sachzwängen. Da gibt es einen »point of no return«, einen Punkt, ab dem es kein Zurück mehr gibt, kein Ausweichen oder Weglaufen. Ab diesem Punkt gehörst du in das Leben und Sterben eines anderen hinein. Du bist ein Teil des Kreuzwegs.

Zufällig wird es nicht sein, dass man dich greift. Dich verhaftet mit dem Leben und Sterben eines anderen.

Es muss ja unter dem Kreuz, am Ende des Kreuzwegs, ein Wort geben auch für unsereins. Ein Wort für den damals Achtzigjährigen. Ein Evangelium für Aktive und Passive, für die, die den Kreuzweg befehlen, bereiten und säumen. Für Menschen, die ins Leben und Sterben eines anderen verhaftet sind – wie jeder von uns.

> *»Jesus aber sprach:*
> *Vater, vergib ihnen, denn sie wissen nicht, was sie tun.«*
> *(Lukas 23,34)*

In Jerusalem, am »point of no return«, am Punkt, an dem es kein Zurück gibt, bricht das Dilemma auf durch etwas ganz Neues. Vorher antwortet Jesus nicht, er schweigt, er spiegelt die Fragen zurück. Jetzt bringt er »Aktion« und »Passion« endgültig durcheinander.
Dann: »Vater, vergib ihnen, denn sie wissen nicht, was sie tun.«

Das ist wohl eines der tiefsten und schwierigsten Gebete aller Religionen.
Wenn man verstanden hat.

Dazu ist erschienen der Sohn Gottes, dass er die Werke des Teufels zerstöre.
1. Johannes 3,8b

Invokavit

Sackgasse

Zu meiner Zeit war da schon ein Zaun.
Aber zuvor musste erst ein Kind ertrinken.
Drei Meter tiefes Wasser. Ratten. Manchmal Aale.
Keine Brücke über den Kanal.
Hier endete unsere Straße.
Ich komme aus einer Sackgasse.

Drei Häuser links, fünf Häuser rechts.
Am Ende ein Kohlenschuppen für die Öfen des Bäckers und daneben der Stall eines Bauern. Dahinter dann der Kanal. Ohne Brücke. Nach ihm hieß auch unsre Straße.

In Sackgassen kann man sich verkriechen und auf der Straße spielen. Kann gelassen warten, bis einer kommt, er kann ja nur von einer Seite kommen. In sicherer Entfernung »passiert« die Welt: der Bus, die ersten wenigen Autos, Fuhrwerke, mehrmals im Jahr der Schäfer mit den Schafen.

Am schlimmsten waren die Panzer. Der Krieg war ja längst vorbei, da hielt ein Panzer am Eingang unserer Sackgasse an und drehte seine Kanone mitten auf uns. Mütter fassten ihre Kinder. Ein Nachbarsmädchen bekam einen Schreikrampf. Die Eltern waren nicht zu Hause. Wir konnten sie kaum beruhigen. Sackgasse ohne Fluchtweg.

Es hat lange gedauert, bis ich mich hinaustraute.
Wer in einer Sackgasse geboren ist, muss erst lernen, dass es mehrere Richtungen gibt. Da draußen war alles so schnell und so fremd.

Ich habe gelernt, dass man sich hinaustrauen muss, um Menschen zu begegnen, und bin doch heute immer noch froh, wenn man mich besucht. Kann mit Einladungen anderer viel schlechter umgehen, als wenn wir in unser Haus bitten. Habe nie gelernt und nie geübt, meinen Wert selbst zu bestimmen. War in Zeiten der Studentenrebellion wohl immer dabei, oft vornedran, aber nie so, wie man sich einen Macher vorstellt, einen Begabten oder einen »Echten«. Nein, ich war nicht echt. Ich brauchte immer andere, um echt zu wirken.

Menschen, die aus Sackgassen kommen oder noch in ihnen leben, sind angewiesen auf Besuch. Auf Begegnungen mit »außen«.

N. Nazareth. Die kleine Ortschaft im vormals wilden Galiläa. Am Hang gelegen, knapp vor der Hauptstadt. Nur knapp vor der Hauptstadt, an die sie sich anlehnte und ihr Gesicht verlor.

Wenn die Bibel von N. erzählt, dann meist als Beigabe zu Jesus. Wie so oft – die Stadt, die den Ihren nicht liebt, wird durch ihn bekannt.
N. – Name für viele Dörfer und Städte, die ihre Unbequemen vertrieben, ihre Frager zum Schweigen brachten, die auch heute noch lieber Touristen als Propheten beherbergen.

Der Mann aus N. hatte eine Vorliebe für Menschen in Sackgassen, in die Enge getrieben, auf Scherbenhaufen sitzend und nur noch in eine Richtung stierend.
Zeus, Wotan & Co. schlugen die Türen ein.
Der Mann aus N. klopfte an und wartete.

Wer auf Nachzügler wartet, mit Versagern verkehrt, in Scherbenhaufen sucht und Frieden stiften will in dieser verrückten Welt, braucht Geduld.

Wenn ich auf etwas meine Hoffnung setze, dann auf seine Geduld.

*Gott erweist seine Liebe zu uns darin, dass Christus für uns gestorben ist,
als wir noch Sünder waren.*
Römer 5,8

Reminiszere

Ich glaube

Ich glaube
an die Ohnmacht des Uhrzeigers
an den Sieg der Moose und Flechten
an die trotzige Verspieltheit des Ginsters
an die Macht der Unvernunft
und die Kraft des Gebets

Ich glaube
an die Vorläufigkeit des Infarkts
an die Begrenztheit der Prognosen
an den sanften Ruf des Wächters
an die Heiterkeit des Sandkorns
an Gottes grenzenloses ICH BIN

*Wer seine Hand an den Pflug legt und sieht zurück,
der ist nicht geschickt für das Reich Gottes.*
Lukas 9,62

Okuli

Legt sich Sand auf die Wunder

Legt sich Sand auf die Wunder.
Legt sich eine Patina über die Schätze.
Legt sich ein Staub über das Alte.
Legt sich ein Tau auf die Blätter.
Legt sich ein Stein in die Furche.
Legt sich ein Schorf auf die Wunde.
Legt sich eine Last auf die Seele.

Er war gegangen.
Sie hatten ihm das Gehen leicht gemacht.
Er war geduldet, doch nicht angekommen.
Als Maler konnte er – wenn er tüchtig war – sein gutes Brot verdienen, bei einem Meister lernen oder gar eine Meisterschule eröffnen.

Hüte hatte er gemalt, Blütenblätter, kein Gesicht.
Warum hat er nie ein Gesicht gemalt?
Damit macht man doch Geld?

Doch Geld war nicht seines.
Arbeit das eine, Freude das andere.

Nahm am Sonntagmorgen – gelegentlich erst nach dem Gottesdienstbesuch – seine Geige, ging durch die Wälder in die

Nachbarorte und spielte für ein Mittagessen, ein Lachen, ein Abendessen.
Er kannte viele in den Dörfern. Sie schlugen ihm auf die Schulter. Sonnten sich in seinem Spiel. Singen musst du, wenn du was werden willst!

Und er sang. In der nahen Stadt lebte ein bekannter Lehrer. Richard Wagner und all die Italiener. Er lernte, sang gut, und dann ging das Geld aus. Der Lehrer bat den Vater – einfacher Schneidermeister – um Mithilfe. Der Sohn sei begabt und ihm stünde alles offen. Doch da war nichts.
Montags setzte er sich wieder auf den Schneidertisch, wurde später zur Marine eingezogen, kam in englische Gefangenschaft und von dort früh und doch abgemagert zurück.
Setzte sich wieder an den Schneidertisch – nun allein, der Vater war über den Krieg gestorben, die Mutter auch – und sang, wenn er allein war.
Oder dienstags im Männergesangverein.
Oder donnerstags im Kirchenchor.
Aber Samstag auf Sonntag gab es meist keine Pause. Da saß er, gestaltete und nähte für die örtliche Prominenz. Bis auch das ein Ende hatte. Denn selbst die Prominenz kaufte von der Stange und etwas verändert billiger.
Er verkaufte sich zu billig.

Seine Lieder machten immer noch Freude, seine Kleider waren immer noch bestens. Seine Geschichten und sein Lachen streuten den Zuhörern Sonne vor die Füße. Aber das Geld fehlte. Und als damals viele in die Pleite gingen, da auch er. Er wurde Hilfsarbeiter. Packte montags bis freitags in einer Räumwerkzeugefabrik Panzerteile ein. Bis er eines Tages den Magen nicht mehr verleugnen konnte. Der unorganisch gewachsen war.
Sie öffneten den Magen und schlossen ihn wieder.
Das wird gut, sagten sie ihm.
Das dauert noch einige Monate, sagten sie mir.

Legt sich Sand auf die Wunder.
Legt sich eine Patina über die Schätze.
Legt sich ein Staub über das Alte.
Legt sich ein Tau auf die Blätter.
Legt sich ein Stein in die Furche.
Legt sich ein Schorf auf die Wunde.
Legt sich eine Last auf die Seele.

Wüsste er, was ich weiß.
Kennte er, was ich kenne.
Hörte er meine Lieder.
Hörte er die Enkel singen
und sähe ein geschmücktes Haus –
es wäre wie damals, als er aufbrach.

Er wollte mich nach Mario Lanza nennen.
Meine Mutter setzte sich durch mit Gerhard.
Er hat nie von der Arena in Verona geträumt.

Aber die Lieder waren in ihm
wie die unreife Frucht der Kastanien,
wie die Gladiole vor dem Aufbrechen.
Seine Lieder waren Träume.
Wir arbeiten noch daran,
dass sie wirklich werden.
Und da ist noch viel Zeit.

Wenn das Weizenkorn nicht in die Erde fällt und erstirbt, bleibt es allein; wenn es aber erstirbt, bringt es viel Frucht.
Johannes 12,24

Laetare

Christen sind Protestleute gegen den Tod

Der alte Christoph Blumhardt nennt einmal als Erkennungszeichen der Christen: »Christen sind Protestleute gegen den Tod.«
Die Menschen erwarten von den Religionen und damit auch vom christlichen Glauben zuallererst und im tiefsten Ernst eine Antwort auf den Tod. Der Tod ist keine Antwort, darf nicht die Antwort sein, sagen die Menschen, denken die Menschen. Sie suchen eine Antwort auf den Tod. Und diese Frage geht alle an. Es gibt keine Menschheitsfrage, die nur annähernd so Frage aller Menschen ist wie die Frage nach einer Antwort auf den Tod.
Entlang des Psalms 90 suche ich eine Antwort.

Herr, eine Zuflucht bist du uns gewesen für und für.

Eine Zufluchtsstätte ist Gott zeitlebens den Menschen gewesen. Es ist das hebräische Wort hier gebraucht für den Unterschlupf, den Tiere finden. Bei dir, Gott, hat man immer Unterschlupf gefunden, wie in der Höhle, wie bei der Mutter.

Ehe noch Berge geboren wurden – und Erde und Festland in Wehen lagen – von Ewigkeit zu Ewigkeit bist du, Gott!
Ganz alte, archaische Bilder tauchen auf, älter noch als die biblischen Schöpfungsmythen. Es ist die »Mutter Erde«, aus

deren Schoß das Wasser, die Pflanzen, die Tiere hervorgehen, ein Wunder nach dem anderen. Aber was ist das ganze Spektakel der Schöpfung – heute würden wir sagen: Was ist das ganze Spektakel der Evolution gegenüber dir, Gott, denn du warst lange zuvor. Gott war, bevor die Erde wurde, und Gott wird sein, wenn die Erde längst nicht mehr ist. Du bist von Ewigkeit zu Ewigkeit. Du bist grenzenlos gegenwärtig, Gott, zeitlos nah.

Diese Machtfülle, diese Ewigkeit erfährt der Mensch am eigenen Leib. Gott holt ihn zurück, schrumpft ihn zusammen auf das, was er eigentlich ist: Staub; angesichts des ewigen Gottes ist der Mensch Staub. Wörtlich steht hier im Hebräischen »Zermalmtes«. Das ist Staub. Das ist der Mensch. Ein winziges Stäubchen. Ein Wort Gottes genügt, und er wird zurückgerufen zum Staub, er stirbt. Dem Menschen, der das so sieht, geht etwas auf von der Ewigkeit Gottes, von seiner Macht.

Du führst den Menschen zurück zum Staub und sprichst: Kommt zurück, Menschenkinder! Denn tausend Jahre sind vor dir wie der gestrige Tag, wenn er verging, gleich einer Wache in der Nacht.

Das ist das, was den Menschen offensichtlich noch viel mehr beeindruckt als die Machtfülle. Es ist die Zeitfülle. Tausend Jahre sind wie ein schnell verstrichener Tag. Tausend Jahre. Karl der Große, Kreuzzüge, Hochmittelalter, Päpste, Reformation, 30-jähriger Krieg, Galilei, Kopernikus, Darwin, Französische Revolution, Marx, Kaiserreich, Aufklärung, Demokratie, Atomzeitalter, Weltkriege wie ein schnell verstrichener Tag. Wie eine Nachtwache, die damals kürzeste Zeiteinheit, es gab ja keine Uhr. Tausend Jahre – eine dem Menschen fast unvorstellbare Zeitfülle. Was sind da erst die 70 oder 80 Jahre eines einzelnen Lebens. Ewigkeit, das ist unaussprechlich, undenkbar einem Wesen, das in einem Augenblick ist und nicht mehr ist.

Gott ist einer, der die Menschen auf die Erde sät. Und sie wachsen, Ein-Tages-Gras, welken, verdorren am Abend. Das ist nicht trauriger Pessimismus. Im Gegenteil, das ist gläubiger Realismus. Der Dichter des Psalmes sieht die Dinge, wie sie sind. Von Gott her gesehen. Ständig sät Gott, ständig wächst neues Gras nach, von ebenso kurzer Lebensdauer. Eine Fülle von Menschen und Völkern sieht er kommen und gehen, kommen und gehen, kommen und gehen. Große Reiche schrumpfen auf ihr Maß, große Ideen auf ihren wirklichen Gehalt, der Mensch auf seine wahre Größe. Was allein zum Staunen übrigbleibt: Gott, der Sämann, der Schöpfer. Luther kommentiert: »... was wir nach der Zeit ansehen und messen als eine sehr lange ausgezogene Messschnur, das sieht er alles auf einem Knäuel zusammengewunden. Und also beide, der letzte und erste Mensch, Tod und Leben ist ihm nicht mehr denn ein Augenblick.«

Ein wunderbares Bild. An dem uns vieles klar wird. Das, was sich da bewegt, auf langen Wegstrecken sich windet und lebt, kommt und geht, Milliarden Jahre, Kommen und Gehen von Sonnensystemen und Milchstraßen, Kommen und Gehen von Leben und Nichts, alles auf einen Augenblick. So sieht Gott. Und wir?

Fürwahr – wir schwinden dahin durch deinen Zorn, und durch deinen Grimm werden wir erschreckt. Du stellst unsere Sünden dir vor Augen, unsere verborgenen Fehler vor deines Antlitzes Licht. Ja, unsere Tage vergehen vor deinem Grimm, unsere Jahre schwinden wie ein Seufzer.

Nicht wie ein »Geschwätz«, das ist so abwertend. Das ist das Leben nicht, das Arbeiten und Lieben, das Gestalten und Träumen, das Verwirklichen und Versagen, das ist nicht ein Geschwätz. Nur bei wenigen vielleicht, manchmal. Es ist kurz und intensiv, ein Seufzer. Ein Atembogen. Es kommt und schwindet wie ein Seufzen, das Leben. Warum? Warum kann der Atem nicht bleiben, warum verklingt ein Ton, warum stirbt der Mensch?

Der Mensch erhebt sich, überhebt sich, will in seiner Hybris Gott spielen. Und bevor er nur einen Zipfel, eine Ahnung von Gottes Ewigkeit ergreift, holt ihn der Zorn Gottes zurück auf den Boden, in den Staub. Mit dem Tod stutzt Gott den Menschen auf das ihm gebührende Maß zurück: ein Stäubchen. Während sich Gott erhebt und sagt: Ich bin der Herr, dein Gott. Der Mensch steht erschüttert vor der Wirklichkeit seines Lebens im Angesicht Gottes.

Die Zahl unserer Jahre ist siebzig Jahre, und wenn es hoch kommt, achtzig Jahre. Und ihr Gepränge ist Mühsal und Trug! Ja, eilends ist es dahin, im Flug vergangen. Wer erkennt die Gewalt deines Zorns, und wer nimmt wahr die Wucht deines Grimms?

Enttäuscht ist der Psalmbeter. Ent-täuscht. Ohne Selbsttäuschung, ohne Selbstbetrug sieht er sein Leben, wie es ist. Siebzig, wenn's hoch kommt, achtzig Jahre. Und das ganze Gepränge, der ganze Prunk und Schmuck, die ganze Show fällt in sich zusammen. Abmühen und sich etwas vormachen. Im Angesicht Gottes bricht die Fassade zusammen, und wir spüren, wer wir sind: ein Gedanke Gottes, ein Saatkorn Gottes, ein Gras, dem er Leben schenkt auf Zeit.

Aber wer öffnet seine Augen vor dieser Wahrheit? Wer erkennt? Wer schaut hinter Kulissen und Fassaden? Wer fasst die Gewalt und die Wucht Gottes? Wer erschrickt, wenn er anfängt zu denken? Wer lebt in Gottesfurcht? Es scheinen wenige zu sein, wenn er so fragt. Zu viele, die im Wahn leben. Der Mensch sucht seinen Willen, seine Lust, seine Größe.
Und Nietzsche hatte schon recht: Alle Lust will – Ewigkeit. Und so will der Mensch Ewigkeit. So will der Mensch Gott

sein. Weil er es nicht erträgt, dass seiner Lust und seinem Willen und seiner Größe Grenzen gesetzt sind. Aber wer glaubt das? Wer lebt so? Wer kann so weise vor Gott treten? Und so endet der Psalmdichter in einer Bitte, weil er spürt, das kann der Mensch nicht aus sich selbst. Das muss ihm Gott geben.

Unsere Tage zu zählen – das lehre uns, damit wir einbringen ein weises Herz.

Da hat Martin Luther sehr missverständlich übersetzt, interpretiert. »Lehre uns bedenken, dass wir sterben müssen.«
Sterben. Müssen. Im Hebräischen ist das viel positiver.
Bring' uns das Zählen bei, Gott. Damit wir die Relation erkennen. Du und wir. Damit wir das Geschenkte füllen. Lass uns nicht uns ausstrecken nach Ewigkeit, sondern leben in Grenzen. Lass uns mit dem Sterben leben.

Und so endet er, wie er begonnen hat, mit dem Lob Gottes.
Mit dem, der Zuflucht ist seit Menschengedenken.
Mit dem, der Unterschlupf bietet dem Flüchtigen und ein Zuhause dem Unsteten.
Er endet bei dem, der war, der ist und der bleibt.
Und der so wenig von uns Vorübergehenden in Anspruch genommen wird. Die Feststellung, dass Gott Gott ist und der Mensch Mensch ist, endet nicht bedrohlich, sondern einladend.

Der auf Gottes Ewigkeit zurückgeworfene, vergängliche Mensch erfährt Gott im Glauben als Zuflucht.
Er ist nur ein Seufzer, aber er ist ein Seufzer Gottes.
Er ist ein Stäubchen, aber er bringt Frucht, wächst und lebt.
Er ist nur ein Augenblick, aber er ist im Blick der Augen Gottes.
Er ist enttäuscht, aber nun erkennt er Gott.

Sein Sterben, seine Grenzen, sein Tod sind ihm eine Lehre.
Er ist einen Schritt weiter.

Er weiß, dass Gott die Welt regiert.
Dass Gottes Wille herrscht.
Und in diesem Willen kommt er zur Ruhe.
Denn tief drinnen weiß er:
Er meint es gut.

*Der Menschensohn ist nicht gekommen, dass er sich dienen lasse,
sondern dass er diene und gebe sein Leben zu einer Erlösung für viele.*
Matthäus 20,28

Judika

was wenn?

was
wenn Jesus nicht spurlos
im Bermudadreieck
sich entmaterialisierte?

wenn er kein
in biologischen Forschungslabors
geklonter Gottessohn war?

wenn jenseits
des expandierenden Weltalls
im benachbarten
seine Auferstehung
auch noch etwas gilt?

was dann?

*Der Menschensohn muss erhöht werden,
damit alle, die an ihn glauben, das ewige Leben haben.*
Johannes 3,14.15

Palmsonntag

Der Mann mit dem Telefonbuch

Kennst du ihn, den Mann mit dem Telefonbuch?
Ich habe ihn kennengelernt.
Wir saßen nebeneinander im Wartezimmer des Arztes.
Ich blätterte in einer Illustrierten.
Er war ganz vertieft in ein Telefonbuch.
Er las einige Nummern, schloss die Augen, wiederholte sie und las dann weiter. Tatsächlich, er lernte ein Telefonbuch auswendig.

Ich sprach ihn darauf an:
»Entschuldigen Sie, mich geht das ja nichts an, aber ich habe den Eindruck, Sie lernen das Telefonbuch auswendig.«
»Ja«, sagte er, »warum fragen Sie?«
»Nun, ich finde das etwas sonderbar. Es gibt doch die Bücher, und es gibt die Auskunft der Post. Oder machen Sie das als Gedächtnistraining?«

Ohne auf meine Frage einzugehen, fragte er mich seinerseits:
»Was sind Sie von Beruf?«
»Ich bin Pfarrer.«
»Und Sie lesen oft in der Bibel?«
»Ja, ich lese oft in der Bibel.«
»Und – wenn ich fragen darf – warum lesen Sie in der Bibel, wo es doch viele Millionen gedruckter Bibeln gibt, viel mehr im Übrigen als Telefonbücher?«

»Aber das ist doch etwas ganz anderes.«

»Nein, das ist ganz das Gleiche«, sagte er. »Ein Feuerwehrmann macht seine Übungen, damit er im Ernstfall gleich helfen kann. Ein Lehrer lernt ein ganzes Leben, um die Fragen seiner Schüler zu beantworten. Ein Friseur studiert Haarschnitte, um einem Kunden die Haare so zu schneiden, dass er zufrieden ist. Und ein Pfarrer liest die Bibel und studiert die Menschen, damit er im Ernstfall einem Suchenden den Weg weisen kann. Ich lerne das Telefonbuch auswendig für den Ernstfall.«

»Gab es denn den Ernstfall schon? Hat Sie jemand gebraucht?«
»Noch nicht«, sagte er, »aber warten Sie ab, ich studiere noch.«

Christus spricht: Ich war tot, und siehe, ich bin lebendig von Ewigkeit zu Ewigkeit und habe die Schlüssel des Todes und der Hölle.
Offenbarung 1,18

Ostersonntag

Die andere Sicht

Mit wilden, verzweifelten Armschlägen nach oben. Schlammiges, vermodertes Wasser, schmutzschwarz und todeskalt. Der Schädel zerspringt. Es rast ihm durch den letzten Rest Leben, reißt am verbliebenen Körper schmerztiefe Wunden: Ich sterbe. Ein letztes, entkräftetes Umsichschlagen, aufgerissene Augen schreien ins Dunkel: Nein, jetzt nicht! Nicht jetzt! Die Kälte, Schlamm im Mund, in Ohren und Augen. Der Tod. Ein Armstoß verbliebener Kraft. Die Schlammwolken reißen urplötzlich auf. Dann sich klärendes Wasser, lichtes Hellgrün, freier Blick. Ein, zwei Schwimmzüge noch und er ist frei. Am Licht. Wärme. Zu Hause. Klarheit.

Mit einem tiefen Seufzen erwacht er aus dem Traum.

Wie seit Wochen liegt er in seinem Krankenbett, allein im Zimmer, Blick nach draußen auf Bäume. Es ist früher Morgen. Auf dem Wecker neben dem Mineralwasser auf dem Nachttisch liest er noch mühsam ab: kurz nach vier.
Erste Vögel vor dem leicht geöffneten Fenster, in der Nacht erholter Morgenwind, fern schließt sich eine Tür. Sein im Schmerz verspannter Körper beginnt sich zu lösen, die geballte Faust entkrampft langsam zur Hand, der aufgebäumte Rücken sinkt tastend ins Kissen. Ja, das war die Antwort. Das Zeichen, auf das er seit Monaten wartete.

Vor mehr als einem Jahr hatte ihn dieser Schmerz ins Bett geworfen.
Zu qualvollen Untersuchungen, Operation, unausgesprochenen Fragen.
Kurze Erholung hatte ihn genarrt, dann umso stärker fallen lassen.
Nun liegt er bereits im dritten Krankenhaus.
Allein im Zimmer.
Abgemagert auf etwas mehr als achtzig Pfund.
Wundgelegen.
Die Beine längst vergessen, als gehörten sie schon nicht mehr zu ihm.
So vieles hatte er liegen lassen auf dem Weg der letzten Wochen.
Kaum noch Besuch ertragen.
So viele Fragen, schlaflose Gebetsnächte ohne Antwort.
Trotzig und erniedrigt hatte er seinem Gott alle die Gebete, Sprüche, Lieder, Bekenntnisse vorgehalten, die entscheidende Ration für den Ernstfall, der längst eingetreten war.
Das aus zahllosen Biographien gewonnene »dennoch« war nicht bestätigt worden.
Kein Zeichen.
Kein Traum.
Sechzehn Monate hatte er geschwiegen, der große Gott, der den Andromadanebel schuf und mit der Milchstraße der Erde eine Bahn zog zum Spiel der Schöpfung in seiner Hand, die sich so leicht vergisst in der Liebe zu seinen Geschöpfen.
Sechzehn Monate.
Und nun endlich das Zeichen.

Er lässt den Tränen in ihrer ungehemmten Wärme Zeit, sich zu verlieren auf Decke, Kissen, Handtuch. Liegt weinend minutenlang reglos, ertastet im Tiefsten die Lösung: Ich werde geheilt. All der Dreck, das Dunkel, der Schmerz, die verängstigten Fragen – alles findet ins Licht. Sende dein Licht und deine

Wahrheit, dass sie mich leiten ... – sein Konfirmandenspruch, sein Lebensbegleiter. Er ist an diesem frühen Sommermorgen erfüllt von diesem Licht, geborgen in dieser Wahrheit, gewiss, dass die dunklen Tage gezählt sind.

So war es immer gewesen.
Wenige Wochen meist oder gar nur Tage vor großen Ereignissen in seinem Leben waren ihm nach langem Schweigen Zeichen geschenkt worden, Träume, Empfindungen, Antworten. Eine andere Sicht, die ihn gewiss machte und die nicht trog.
So sah er, was andere nicht sahen.
Sah das lachende Sonnenleben im Spiel mit der süßen Schwere, wo andere eine rote Rose schnitten.
Sah das freche Necken quirliger Zwerge vor schwerfällig tappenden Riesen, wo für andere am Spätsommerhimmel eben Gewitterwolken – was sonst? – aufzogen.
Hatte früh schon Tränen geweint am Waldrand, morgens, wenn die taufeuchten Äste ein erstes Spiel wagten mit noch schüchternen Sonnenstrahlen.

Nie hatte er sich einlassen können auf die Spaltung in zwei Wirklichkeiten, auf die unwirkliche Welt von Schauspiel, Theater und Oper.
Er lachte, wenn sie lachten.
Er weinte, wenn sie weinten.
Er zitterte, wenn sie stritten.
Ihre Wirklichkeit war immer auch seine, ungeteilt.
Einen Spalt breit stand bei ihm die Türe offen, die bei den meisten verschlossen ist.

Er konnte mit dem Herzen sehen.

So hatte er Todestage geahnt und den Friedensschluss geträumt mitten im Krieg, und vieles andere gesehen.
Kamen ihm bei wunder Seele und vager Zukunft keine Träu-

me, dann war er sprachlos, litt schweigend, wurde mehr und mehr selbst zu einer Frage. Wie einer, der im März Samen sät und einen langen Sommer vergebens wartet auf keimendes Grün.

Und doch war er in seiner Gewissheit der heiterste Mensch, den ich kenne.

Nun also hatte er Gewissheit. Atmete auf.
Die Zeichen standen auf Licht, auf Klarheit, auf Heilung.
Er durfte leben. Nie hatten ihn seine Träume betrogen. Er konnte gut unterscheiden zwischen Träumen, die den vergangenen Tag sortieren und Wünsche der Seele malen, und solchen Träumen, die wie Markierungen den Lebensweg entwirren. Nur diese Träume erzählte er auch weiter. Nun hatte er einen neuen Weg zu gehen. Würde sich freischwimmen ins Licht.

Er starb vielleicht vierzehn Tage später. Die Frage bleibt offen, ob er sich getäuscht hat. Ob er uns die ganze Wahrheit nicht zumutete oder das Licht wirklich so verkürzt deutete. Jedenfalls hatte ich ihn Tage zuvor deutlich seinen Namen nennen hören, im Schlaf: »Engelsberger, Eugen.«
In einem Traum, den er nicht erinnerte oder erzählte. Als ob er sich ausweise, anmelde, sachlich und ruhig.

Ob diese andere Sicht eine Gabe Gottes ist?
Die Betroffenen sind nicht selten geplagt mit Wahrträumen, Vorahnungen, nicht üblichen Wahrnehmungen. Es sind besonders sensible Menschen mit einem noch nicht verschütteten Zugang zwischen Außen und Innen.
Sensible Menschen sehen mit dem Herzen, wie Antoine de Saint-Exupéry den kleinen Prinzen sagen lässt. Sie sind wie das Gewissen einer gewissenlosen Generation. Wie kleine Geschwister Jesu, der die Stadt sieht und weint, weil er sieht,

was ihr geschehen wird. Sie sind eigentlich nicht tauglich für diese Welt, und doch – was wäre diese Welt ohne ihre Tränen und ohne ihre Heiterkeit?

Alle sehen die Blumen, bunt und leuchtend.
Doch wer sagt uns, dass dies ein Garten sei?

Alle spüren die Wärme, betrachten Himmelsblau
und Wolkenweiß, Laubgrün und Sternennacht.
Doch wer sagt uns, dass dies ein Sommer sei?

Alle verbringen Tage, zählen Stunden
und erwachen am Morgen.
Doch wer sagt uns, dass dies ein Leben sei?

Es sind die Menschen, die mit dem Herzen sehen.
Hütet sie wie Augäpfel in eurer Mitte.
Wie Edelsteine im Geröllfeld.
Es sind wenige.
Und sie verbrauchen sich früh.

Gelobt sei Gott, der Vater unseres Herrn Jesus Christus,
der uns nach seiner großen Barmherzigkeit wiedergeboren hat
zu einer lebendigen Hoffnung
durch die Auferstehung Jesu Christi von den Toten.
1. Petrus 1,3

Quasimodogeniti

aufstehen

aufstehen
nach so viel Anstand
aufstehen

leben
was mir gesagt ist
tun
was ich predige

dem Frieden trauen
die Widerrede vergessen
die Abergeister verlachen

Zugvögel wissen
der Taumelkäfer träumt
du traust bodenlos

ist noch offen
ist noch nicht alles gesagt
ist noch in der Schwebe
ist noch nicht aus dem Lot
ist noch nicht im Lot

wird werden
staunen

so Gott will

Christus spricht: Ich bin der gute Hirte.
Meine Schafe hören meine Stimme,
und ich kenne sie, und sie folgen mir;
und ich gebe ihnen das ewige Leben.
Johannes 10,11a.27-28a

Misericordias Domini

Schäferinnen und Schäfer

Ich habe in Mannheim Kinder kennengelernt, die kannten Kühe nur lila und vom Fernsehen, sie kannten Schweine nur als Teile beim Metzger und Hühner nur ohne Kopf und Federn.

Landwirte sind die Berufsgruppe, der zuvörderst die Sorge aufgetragen ist, nicht nur das Land zu bewirtschaften, sondern auch die Wirtlichkeit des Landes zu erhalten. Die Erde als »Heimat«-Planeten zu erhalten, als Lebensraum für Mensch, Tier und Pflanze.
»Land-Wirte«.

Landwirte sind nicht einfach die Produzenten unseres Nahrungsnachschubs. Ihnen allen kommt mehr und mehr eine Aufgabe zu, die die Bibel ganz zu Anfang als die eigentliche Aufgabe des Menschen nennt: die Erde zu bebauen und das Gute zu bewahren. Den »Lebensraum« zu schützen und in diesem Raum Leben zu fördern, in einem Gleichgewicht.
Lesen Sie die ersten Kapitel der Bibel. Sie kommen aus dem Staunen nicht mehr heraus, wie sensibel für ökologische Fragen, wie sensibel für unsere heutigen Fragen die Schreiber vor zwei, drei Jahrtausenden schon waren. Da wird dem Men-

schen zum Beispiel nur erlaubt, von den Pflanzen zu essen, die Samen tragen. Nur das, was er wieder säen kann, darf er essen. Und selbst später nach der Sintflut, als ihm erlaubt wird, Fleisch zu essen, weil er ohnehin diese Grenze schon überschritten hat, da wird ihm der Blutgenuss verboten, denn im Blut vermutete man den Sitz des Lebens. Nicht ans Leben gehen. Nichts tun, was ich nicht wieder rückgängig machen kann. Keine Pflanze und kein Tier aus dem Raum des Lebens verdrängen. Lebensraum teilen. Ich muss den Lebensraum des Baumes achten. Wenn die Wurzeln keinen Platz zum Wachsen haben, lässt der Baum die Blätter hängen wie ein Mensch den Kopf und trägt keine Frucht. Baum, Mensch, Tier haben Achtung verdient.

Hirten waren die ersten Menschen, die Tieren Namen gaben. Das ist etwas Gewaltiges. Gefährlich, weil dem die Gefahr innewohnt, dass ich das, was ich mit Namen nenne, ganz und gar für mich in Beschlag nehme. Ausbeute.
Großartig aber, weil der Name das Tier aus der Anonymität heraushebt, in die Familie hineinnimmt. Zum Partner macht.

Unsere Industrie- und Geldgesellschaft hat längst alle Hirten- und Schäferromantik zerstört. Es ist ein harter Beruf geworden.
In der Landwirtschaft merkt man vielleicht noch lange vor den anderen Berufen, wie eng es wird. Und es wird enger. Es wird kälter und immer mehr einer gegen den anderen. Und da wird einem schlagartig bewusst: Ich kann doch meine Schafe nicht gegen andere hüten?

Gott und Jesus Christus, sein Sohn, werden in der Bibel immer wieder als Hirten, als Pastoren, als Hüter unseres Lebens bezeichnet. Der Mensch kann sich nicht selbst hüten. Oder vielleicht könnte er es und will es nicht. Kain gibt Gott auf die Frage nach seinem erschlagenen Bruder provozierend die Frage zurück: Soll ich meines Bruders Hüter sein?

Hüten ist etwas ganz Besonderes. Eltern möchten gelegentlich abends weg. Sie brauchen jemanden, auf den sie sich verlassen können, der bei ihren Kindern bleibt, bis sie wiederkommen. Das nennt man heute »Babysitten« – zu Deutsch: »…bei einem kleinen Kind sitzen«.
Ein Kind hüten ist etwas anderes.
Das ist ein hartes Tun.
Ich muss eins sein mit dem Behüteten, der Hirte wird eins mit der Herde.

Schafe sind weithin orientierungslos: »Nach einem Zeitungsbericht hatte jemand seinen Hund verkauft an einen Bekannten, der 50 Kilometer entfernt wohnte. Der Hund wurde per Auto mitgenommen. Aber drei Tage später war er wieder zurück und stand an der Tür seines alten Herrn. Es ist bekannt, dass zum Beispiel auch ein Pferd selbst den Weg nach Hause findet. Aber ein Schaf kehrt niemals von selbst zurück, wenn es verirrt ist; es hat einen Hirten nötig, der es sucht.«

Man muss schon aufpassen – unterscheiden, hören, Stimmen unterscheiden, auf Nuancen hören –, ob es nun einer wirklich gut mit mir meint, ob er mich benutzt, verführt, missbraucht, ausnimmt, verrät und verkauft – und das alles noch mit dem Anspruch, er wolle mir etwas Gutes tun.
Schafe, sagt man mir, hören gut.
Sie können unterscheiden.
Aber sie finden nicht zurück.

Die Augen des Schafes sind am besten im Kopf des Schäfers aufgehoben. Er muss sich in das Schaf hineindenken. Das Schaf kann ihm vertrauen.
Das Schaf kann aufpassen, was direkt vor ihm ist. Kann über Steine und Gräben springen. Aber dass da drüben die Bundesstraße und da vorne die Autobahn ist und was alles noch an Gefahr droht, das weiß der Schäfer.

Jesus Christus, der gute Hirte.
Die Hirten auf dem Feld vor Bethlehem sind zu Tode erschrocken über den offenen Himmel. Und der offene Himmel schenkt ihnen zum Trost ein Zeichen. Da ist ein Stall, da steht eine Futterkrippe, da ist Armut, Geblöke, Gegrunze, Gestank, Elend, vielleicht Flucht. Das habt zum Zeichen: »Ich bin der gute Hirte und kenne die Meinen, und die Meinen kennen mich, wie mich mein Vater kennt, und ich kenne den Vater. Und ich lasse mein Leben für die Schafe.«

Der gute Hirte stellt sich vor die Schafe, macht keine gemeinsame Sache mit den Wölfen; stirbt, damit sie leben.

Schäfer haben einen wunderbaren und harten Beruf.
Sie müssen sorgen für die Tiere, für die Familie, die Höfe.
Bei Wind und Wetter.
Bei wenig Verdienst und geringer Zukunftsaussicht.
Das ist hart.
Ihnen ist das Sorgen für andere anvertraut.
Sie sind nicht Gott.
Aber sie sind wichtige Menschen.

*Ist jemand in Christus, so ist er eine neue Kreatur;
das Alte ist vergangen, siehe, Neues ist geworden.*
2. Korinther 5,17

Jubilate

Wünsche für die Kinder

Nicht,
dass du auf Wolken schwebst,
sondern
dass du mit beiden Beinen in dieser Welt
aufrecht gehen lernst.

Nicht,
dass du mit Samthandschuhen angefasst wirst,
sondern
dass du ehrlichen Menschen begegnest,
die sich über deine Gaben freuen
und deine Fehler verzeihen.

Nicht,
dass man dich mit Geschenken überhäuft
und auf Rosen bettet,
sondern
dass du immer einen Menschen findest,
der es von Herzen gut mit dir meint,
der Zeit hat für dich und für dich betet.

Nicht,
dass du eines Tages bestaunt oder beneidet
im Rampenlicht stehst,

sondern
dass du täglich neu Freude findest an deinem Leben.

Und wenn du eines Tages
deine ganz eigenen, unverwechselbaren Wege gehst,
denen wir nicht mehr zu folgen vermögen
oder die wir nicht verstehen,
wenn uns der Raum oder dann auch die Zeit trennen,
dann wünschen wir dir,

dass du Wurzeln schlägst in dieser wunderbaren Erde,
dass du deine Hände, dein Herz,
deine Ohren und Augen
offen behältst für den Himmel,
dass du sagen kannst: »Ich habe es versucht«,
dass du keinem sein Glück neidest
und dem helfen kannst, der dich um Hilfe bittet.

Möge Gott es fügen,
dass du an jedem Morgen spürst:
Ich bin geliebt.

Singet dem Herrn ein neues Lied, denn er tut Wunder.
Psalm 98,1

Kantate

Du bist

Gott,
du bist in der Luft, die ich atme,
und in dem Klang, den ich höre.

Du bist in den Farben, die ich sehe.

Du bist im Geruch der frischen Erde,
im Duft einer Blüte,
im Geschmack einer Frucht.

Du bist mir Mutter und Vater.
Du bist der Boden, auf dem ich gehe,
und die Schwerkraft, die mich aufrichtet
und die mich ruhen macht.

Du bist das Glück, in dem ich tanze,
das Lachen, das mich einlädt,
und die Stille einer Nacht.

Du bist der Gedanke,
den ich denke.

Ohne dich kein Atemzug
und außer dir keine Sekunde Zeit.

Du bist die Hülle, die alles umschließt,
und die kleinste Zelle,
in der alles Wissen
über mein kurzes Leben
geborgen ist.

*Gelobt sei Gott, der mein Gebet nicht verwirft
noch seine Güte von mir wendet.*
Psalm 66,20

Rogate

Ich finde meinen Weg

Ich finde meinen Weg,
weil du mich suchen lässt.

Ich finde meinen Weg,
weil du mir hilfst,
mich nicht zu verlieren.

Und wenn ich Irrwege gehe,
kommst du mir entgegen.

An Ende wirst du mir
entgegenlachen,
und ich sage:

»Da bin ich.
Es war gar nicht so einfach,
dich zu finden.«

»Dann ist es gut«,
sagst du.

Und ich sage:
»Ich weiß.«

*Christus spricht: Wenn ich erhöht werde von der Erde,
so will ich alle zu mir ziehen.*
Johannes 12,32

Exaudi

Die Heimat des Mönchs

Es war Sommer. Ich hatte mich um eine Stunde vertan. Die Trauung, die ich in der Klosterkirche halten sollte, begann erst um 14.00 Uhr. Der Benediktiner an der Pforte rief einen Bruder, der sich meiner in der Zwischenzeit annahm.

Seine Erscheinung war beeindruckend: schwarzer Habit, offene Sandalen an zierlichen Füßen, die er beim Gehen etwas einknickte und nachzog. Die Hände auf dem Rücken gekreuzt. Eine Vielzahl roter und blauer Äderchen gaben dem feinen, doch wetterbraunen Gesicht den Ausdruck einer filigranen Landkarte mit Wegen, Flüssen und Grenzen.
Er muss weit jenseits der 80 gewesen sein. Sein Gang war etwas gebeugt, ruhig – und doch sprühte dieser Mensch vor lauter Leben. Die pure Lebensfreude blitzte aus seinen Augen. Ich werde diese Stunde Führung durch das Kloster nicht vergessen.

Er zeigte mir den Kreuzgang, die Kirche und den Garten.
Für den Garten verwandte er am meisten Zeit, er war sein Lebenswerk. Über 50 Jahre hegte und pflegte er ihn, säte und erntete, las Schädlinge ab und züchtete Rosen. Es war, als kenne er jeden Strauch, jeden Baum, jede Pflanze mit Namen, mit ihrer Geschichte. Er sprach mit den Bäumen, strich hier zärtlich über einen Stamm, roch dort prüfend an einer Blüte.

Doch das Eindrücklichste kam noch. Zuletzt, schon auf dem Rückweg mit dem Blick auf die Uhr, führte er mich zum Friedhof des Klosters.
Es ist ein eigenartiger Friedhof, nicht so, wie ich ihn von anderen Klöstern kannte. Eine große Wand, und eingelassen in die Wand Nischen für die Särge. Die Nischen werden nach der Beisetzung zugemauert, und davor erinnert nur noch ein Namensschild an den verstorbenen Bruder.

Ich stand fast betroffen vor dieser, nach der Führung durch den Klostergarten so plötzlichen Konfrontation mit der eigenen Vergänglichkeit.
Ich schaute den Mönch an, er bemerkte meine Unsicherheit. Und mit innerer Gelassenheit, mit strahlenden Augen zeigte er auf eine noch leere Nische und sagte: »Schau, und da komm' einmal ich hinein.«
Sprach's, blickte mit einem fast schelmischen Lächeln in mein Gesicht, kam einen Schritt auf mich zu, legte den Arm um meinen Rücken und meinte:
»So, und jetzt machst du deine Hochzeit.«

Selten, vielleicht nie, habe ich einen Menschen getroffen, der so ruhig und gelassen war.
Der genau wusste, woher er kam und wohin er geht.
Dessen Glauben tief wie ein Brunnen und fest wie ein Felsen war.
Und der in seinem Glauben sich doch nicht entfernte von dieser Welt, sondern neben all den Klosterdiensten, Gebeten, Gottesdiensten, Menschendiensten in über 50 Jahren einen Garten anlegte, der in seiner Vielfalt, Farbenpracht, Gesundheit und Erdigkeit ein Stück Paradies war, mitten in dieser doch meist unseligen Welt.
Und der längst für sich in diesem Paradies seinen Platz gefunden hatte, selbst über den Tod hinaus.

Es soll nicht durch Heer oder Kraft, sondern durch meinen Geist geschehen, spricht der Herr Zebaoth.
Sacharja 4,6

Pfingstsonntag

Er hat immer ein Fernglas dabei

Es gibt oben am »Katzenbuckel«, dem höchsten Berg des badischen und hessischen Odenwaldes, eine Straße zwischen Waldkatzenbach und Oberdielbach, auf der ich oft fahre.
In Waldkatzenbach steht ein Wohnheim für alte Menschen, auch für Jüngere, die mit dem Tempo der Zeit nicht so mitkommen.
Dort wohnt ein Mann, Anfang 80 schätze ich ihn zwischenzeitlich, dem ich fast immer unterwegs begegne. Jeder Einheimische kennt ihn.

Er hat immer ein Fernglas dabei und geht täglich – mehr und mehr etwas gebeugt – bei jedem Wetter die Straße von Waldkatzenbach nach Oberdielbach und zurück. Man lächelt rasch über ihn.
Aber er könnte dir wahrscheinlich alles erzählen – je nach Jahreszeit – vom über den durch Schnee geknickten Ast des Apfelbaums, über die Saat des Winterweizens, die müden, abgeholzten Maisfelder; könnte erzählen von den Farben der Feldblumen, dem Zeitpunkt ihrer Blüte und im Sommer über den Stand des Getreides.
Nie habe ich ihn durch sein Fernglas schauen sehen.
Nie habe ich ihn stehen sehen und betrachten.

Und doch: Er kennt besser als jeder andere den Zusammenhang zwischen Vogelflug, Wetter und Verhalten der Autofahrer. Er hat mehr Hasen und Rehe und Mäuse gesehen als jeder andere. Er wird die Büsche unter dem Schnee kennen und weiß, wo besonders viele Steine in den Erdschollen liegen.

Als ich ihn im Winter wieder sah, diesmal im hohen Schnee, bin ich erschrocken:
Für wen blühen die Blumen am Rand der Straße im Frühling und Sommer, wenn er nicht mehr lebt?
Für wen singen die Vögel, wenn er nicht mehr täglich den gleichen Weg geht?
Für uns Autofahrer bestimmt nicht.
Für all die vielen Normalen, die ihn belächeln?
Sie gehen den Weg nicht, sie fahren.

Was nimmt er mit an täglichen Eindrücken?
Was nimmt er mit in seine Nächte und Träume, er, der stetig den gleichen Weg geht, mit dem Fernglas um den Hals?

Ob es Menschen gibt, die diesen Dienst tun?
Den Dienst des täglich gleichen geduldigen Ganges.
Sie würden vielleicht bemerken, wo etwas wächst.
Sie würden nicht übersehen wie wir.
Sie hätten – was uns doch allen fehlt – einen langen Atem.

Das Leben in kleinen Einheiten macht sensibel für Wachstum.
Wenn große Einheiten schnell wachsen, ist das meist nicht gesund.
Das weiß man aus der Medizin, ich denke, auch aus der Wirtschaft.

Ich wünsche mir mehr Zeit, mehr Geduld miteinander.
Mehr Vertrauen in den Heiligen Geist unter uns, der im Verborgenen wirkt.

Der nicht mehr braucht als einen kleinen Samen und daraus mit den Jahren und Jahrzehnten ein Weizenfeld, einen Wald zaubert, wo heute für jeden, der kurz mal vorbeischaut, nur der Wind pfeift und nichts wächst.

Ich bin immer wieder neu verliebt in diesen mehr und mehr gebeugten Mann, der die Straße geht wie ein Diener und sein Fernglas trägt wie ein Schicksal. Der keine Ahnung hat von meinen Büchern. Der schweigt bei seiner »Patrouille« – im Auto – schräg von unten betrachtet – und keinen Vorwurf hat für dein Tempo.

Möge Gott ihm noch viele Jahre schenken.
Ich brauche ihn.
Mir wäre unser kleines Dorf oben in der »Sommerfrische« fremd ohne ihn.
Ich befürchte, dass ich nicht einmal von seinem Tod erfahre.
Vielleicht erst dann, wenn ich ihm nicht mehr begegne.
Was für ein Verlust für die Welt.

Wir messen mit den Augen.
Der Schein trügt.
Wir sollten mehr hören.

Bevor einer das Gras hört, bevor einer eine Blume blühen hört, bevor einer die Blumenzwiebel hört unter der Erde, die ja in diesen Tagen längst zum Licht hin wächst, ... bevor einer das Gras wachsen hört, muss er lange geschwiegen haben.

Ach, hätten wir mehr davon.

Es soll nicht durch Heer oder Kraft, sondern durch meinen Geist geschehen, spricht der Herr Zebaoth.
Sacharja 4,6

Pfingstmontag

Mauern, Türme und Brücken

Es war einmal eine reiche, mächtige Familie. Die wohnte auf einer Burg ...
Weil sie Angst hatten, dass jemand ihnen von ihrem Reichtum etwas wegnehmen könnte, bauten sie noch höhere Mauern, größere Türme und machten den Graben noch tiefer. Und die Brücke ließen sie nur herunter, wenn sie nach außen wollten.
Eines Tages aber begann die Brücke zu klemmen. Sie quietschte und krachte fürchterlich, und dann blieb sie stehen und bewegte sich nicht mehr.

Das kriegen wir schon wieder hin ...
Aber da war kein Schlosser auf der Burg,
kein Schmied und kein Klempner.
Und selbst konnten sie nicht ...

Nun riefen sie über den Wassergraben nach Hilfe, aber keiner kam, keiner hörte.
Die Lebensmittel wurden knapper, sie begannen zu hungern. Wasser hatten sie wohl, aber nichts zu essen. Und langweilig und eng wurde es mit der Zeit auch auf der Burg.
Da begannen sie miteinander zu streiten und zu schimpfen. Sie redeten zum Schluss kein Wort mehr. Jeder ging auf einen Turm für sich und gab den anderen die Schuld am Streit.

Nur ein kleiner Junge war noch da, dem war das Ganze zu dumm. Er war traurig, dass er niemanden zum Spielen hatte, und überhaupt hatte er das bessere Leben auf der Burg gründlich satt. Da rief er, so laut er konnte, und etwas mürrisch kamen alle auf den Burghof.
»Ich möchte raus hier, bitte helft mir!«
Die Erwachsenen schüttelten den Kopf und lachten ihn aus.
»Wir wollen auch raus!
Aber wie? Die Brücke ist kaputt, ein Boot haben wir nicht, das Wasser ist zu tief, und schwimmen haben wir nie gelernt, genauso wenig wie du.«
»Aber Hände habt ihr zum Arbeiten«, sagte der kleine Junge. »Die Mauern, die ihr aufgebaut habt, die könnt ihr auch wieder abbauen. Wir werfen die ganzen Steine einfach ins Wasser, und wenn der Graben voll ist bis obenhin, können wir aus der Burg hinausgehen.«

»Das ist keine schlechte Idee«, sagten manche.
Andere sagten: »Was soll das? Eine Burg ohne Mauern ist doch keine Burg! Wenn wir die Mauern abtragen, dann kommen die andern und nehmen uns alles weg!«

»Was sollen sie uns denn noch wegnehmen?«, fragte der kleine Junge, »außer Wasser haben wir ja doch nichts mehr, und überhaupt ist das kein Leben, so eingesperrt, auch wenn wir freiwillig eingesperrt sind.«

Und da begannen sie die Mauern abzubrechen und die Steine in den Graben zu werfen. Aber das reichte nicht. Sie mussten sogar noch zwei Türme abtragen. Auch diese Turmsteine warfen sie ins Wasser. So tief war der Graben, dass von der Burg außer einem Haus kein Stein mehr auf dem andern blieb.
Und die Leute draußen vor der Burg staunten nicht schlecht. Sie kamen in Scharen und staunten über das Wunder, das mit den Menschen von der Burg geschehen war.

Und als dann die Burgbewohner schließlich über die Steine ins Freie kraxelten, da merkte man gar keinen Unterschied mehr zwischen ihnen und den anderen. Alle waren nun miteinander froh, dass diese dicke Mauer weg und der Graben zugeschüttet war.
Die Brücken ließen sie zum Andenken stehen. Und feierten ein großes Fest. Und keiner kam auf die Idee, die Mauern wieder aufzubauen, wo doch sowieso keiner mehr Angst hatte vor dem anderen.

Und der kleine Junge war stolz, denn er war schließlich auf die Idee gekommen.
Er vergaß darüber ganz, dass er sich beim Kraxeln über die Steine den Knöchel verstaucht hatte.
Aber er dachte: Besser unter Freunden mit verstauchtem Knöchel als allein hinter dicken Mauern.
Und da hat er recht.

Heilig, heilig, heilig ist der Herr Zebaoth, alle Lande sind seiner Ehre voll.
Jesaja 6,3

Trinitatis

Wenn ich nichts zu sagen habe, schweige ich

Wenn ich nichts zu sagen habe,
schweige ich.
Damit ich etwas zu sagen habe,
schweige ich.

Vor allem und über allem regiert das Ohr.
Ohne Erinnerung keine Äußerung.
Ohne Ohr kein Wort.
Ohne Schweigen kein Klang.
Das Geheimnis jeder Verkündigung ist die Zeit zuvor,
in der ich ganz Ohr bin.

Die Quelle allen Redens
ist das Hören.
Die Quelle allen Hörens
ist das Schweigen.

Christus spricht zu seinen Jüngern: Wer euch hört, der hört mich;
und wer euch verachtet, der verachtet mich.
Lukas 10,16

1. Sonntag nach Trinitatis

Uns geht es gut

Uns geht es gut, hatte er geschrieben.
Wir haben Sonne satt und freundliche Menschen um uns.
Die Karte kam aus dem Süden Spaniens,
zeigte Meer und Sand und Olivenbäume,
Palmen und Zinnien.
Uns geht es gut.

Auch der Enkel, wenige Jahre alt,
hatte quer über die Karte
unterschrieben.
Vielfarbig, steil und dick.
Striche rauf und runter,
zwei Striche quer über die Karte.

Sie dachte an früher.
Sie war nie in Spanien,
kam nicht über den Süden Deutschlands
(eine Bodenseefahrt mit dem Männergesangverein)
hinaus.
Hatte Agaven, Oliven und Oleander
nur überwintern sehen.
Beim örtlichen Gärtner.
Grub die Zwiebeln der Gladiolen aus und barg sie im Keller.
Über Winter.

Uns geht es gut.
Die Karte kam an, da war er längst wieder zu Hause.
Hatte die Mutter besucht und eine Muschel mitgebracht,
mit der sie nichts anfangen konnte.
Muscheln – sagte sie – gehören doch ins Wasser.
Ja, hatte er gesagt.
Aber ich wollte dir eine mitbringen von dort.

Ich will nicht nach Spanien, hatte sie gesagt.
Und ich wollte dir eine Muschel mitbringen.

Danach war längere Zeit Stille.
Unangenehme Stille.

Er fragte sich:
Was habe ich falsch gemacht?

Sie dachte:
Wie lange noch?

»… und einmal sind wir mit Markus angeln gegangen«,
erzählte er,
und spürte erst
nach dem »gegangen«,
wie unpassend alles war.

Es gibt Reime,
die gehen nie auf.

Christus spricht: Kommt her zu mir, alle, die ihr mühselig und beladen seid; ich will euch erquicken.
Matthäus 11,28

2. Sonntag nach Trinitatis

Sommer

Ich wünschte endlich einen weiten Sommer.
Mit Festen für das Auge und das Ohr.
Mit Abenden und Nächten unter Sternen.
Ich wünschte endlich einen weiten Sommer.
Es war zu lange, dass ich wartend fror.

Ich bin sie leid, die müden, kalten Nächte,
das frühe Dunkel und den leichten Wein,
die schweren Lieder, das Sinnieren in die Fernen.
Ich bin sie leid, die müden, kalten Nächte,
will nur noch Kiesel in der Sonne sein.

Ich höre Lieder, kann sie noch nicht deuten.
Ich höre Klänge, ahne weiten Raum,
Tanz zwischen Sirius und den Laternen.
Ich höre Lieder, kann sie noch nicht deuten.
Ach, auch ein langer Sommer reicht mir kaum.

Der Menschensohn ist gekommen, zu suchen und selig zu machen, was verloren ist.
Lukas 19,10

3. Sonntag nach Trinitatis

Des Hutmachers Traum

In einem Film hatte er die Weite gesehen. Es war eines jener unzähligen, kaum bereisten Hochtäler unter dem Dach der Erde. Am Horizont schwammen schneebedeckte Gipfel in einem grünen Meer aus Steppengras, kargem Gesträuch und Fels. Und in allem diese glückliche Einsamkeit, das Surren und Zerren und Musizieren des Windes, der mit Kuppen und Nischen spielt. Das herbe Träumen der Sonne, das lautlose Zerfließen der Wolken.

Er war kaum 17 gewesen, als er den Film über Nepal sah. Seine Freunde hatten keinen Blick für die Weite, machten sich lustig über das ungelenke und scheue Verhalten bunt gekleideter, schwarzhaariger, stets lachender Bergbewohner. Er sah den Hintergrund und wusste: Da muss ich einmal hin. Doch Nepal ist weit. Die Reise ist teuer. Du brauchst Geduld, Zeit, Geld, Begleiter.

Er wurde Hutmacher. Lernte Hüte entwerfen, Hüte verkaufen. Er war erfolgreich. Übernahm früh den elterlichen Betrieb. Noch kurze Zeit, dann würde er das Geld zusammenhaben für Nepal. Er dehnte den Handel über die Grenzen der Stadt hinaus. Hatte keine Ruhe, bis in allen großen Städten Filialen seines Geschäftes entstanden waren. Man warb im Radio und Fernsehen für seine Hüte, die größten Modeschöpfer arbeiteten mit ihm zusammen.

Eines Tages sah er – eher zufällig – Bilder aus Nepal.
Erschrak darüber, dass er seinen Traum vergessen hatte.
»Geh doch«, sagte seine Frau.
»Geh doch«, sagten seine Kinder.
»Ich kann das Geschäft gerade jetzt nicht allein lassen.
Später werde ich gehen. Jetzt ist das unmöglich.«

Und er verkaufte immer erfolgreicher, wurde zum reichsten
Mann der Stadt, lebte noch zwei Jahre, bis er bei Nebel mit 180
Stundenkilometern auf der Autobahn tödlich verunglückte.

»Er hat allenfalls 80 Meter Sicht gehabt«, sagte die Polizei.
In Nepal ist er nie gewesen.

Einer trage des andern Last, so werdet ihr das Gesetz Christi erfüllen.
Galater 6,2

4. Sonntag nach Trinitatis

Glimmen

Stunden, Tage, Augenblicke,
du hast eine Bleibe.
Wir beide tragen herzwärts mehr,
eine Heimat.

Morgen wieder
suche ich nach einem Haus,
treibe Keime und schlage Wurzeln
im Geviert deiner Liebe.

Ob du meine Liebe spürst?
Ob ich deine Treue begreife?
Gnade uns Gott im Jahr der Händler,
er, der die Liebenden birgt
und die Suchenden einlädt
zum freien Schritt,
zum bodenlosen Fall,
zur Liebe ohne mein und dein.

Gnade uns Gott,
es wird.
Ob heute oder morgen,
es trägt.
Ob Leben oder Tod,
es ist Liebe.

Lass es damit genug sein.
Zu vieles ermüdet.
Es reicht,
wenn wir glimmen.

Hüte die Glut.

*Aus Gnade seid ihr selig geworden durch den Glauben,
und das nicht aus euch: Gottes Gabe ist es.*
Epheser 2,8

5. Sonntag nach Trinitatis

Du bist eine Möglichkeit Gottes

Es liegt an dir, welche Spuren du hinterlässt.

Es liegt an dir, ob Menschen in deiner Nähe
Angst bekommen oder aufatmen.
Es liegt an dir, ob deine vielen Gaben nur dir
oder der Gemeinschaft zugutekommen.
Es liegt an dir, ob Menschen ihren Wert entdecken
oder an sich zweifeln.
Es liegt an dir.

Du bist eine Möglichkeit Gottes.
Mach dich nicht selbst klein, das ist feige.
Mach andere nicht klein, das ist schlimm.

Du musst den letzten Schritt nicht gehen.
Jesus Christus ist ihn für dich gegangen.

Aber deinen Weg solltest du gehen.
Nicht stehen bleiben, feige oder schon in jungen Jahren müde.
Nicht überheblich und kalt.

Es zählt nicht, ob du besser oder schlechter,
mutiger oder ängstlicher,
größer oder kleiner bist.

Am Ende zählt,
ob du echt gewesen bist.
Ob du echt ein Mensch gewesen bist,
ein Kind Gottes, ein Geschenk für die Welt.

Du bist eine Möglichkeit Gottes. Nütze sie.

So spricht der Herr, der dich geschaffen hat: Fürchte dich nicht, denn ich habe dich erlöst; ich habe dich bei deinem Namen gerufen; du bist mein!
Jesaja 43,1

6. Sonntag nach Trinitatis

Auszeit

Die Ruder liegen im Boot.
Da ist nichts mehr, was getan werden müsste.
Keine Frage, die auf Antwort wartet.

Hier ist einer der stillsten Orte, die ich kenne.
Auf Kilometer kein lautes Wort.
Nur warme Farben und kein Schrei.
An guten Tagen ruht vorsichtig deine Hand in meiner.

Hier kann ich warten
ohne Blick auf die Uhr.
Kann sitzen ohne Störung
und bleiben ohne fragenden Blick.
Auszeit zwischen Ebbe und Flut.

Da war ein Fischer,
der eines Tages sein Boot am Anleger festzurrte
und nie mehr zur See fuhr.
Es war nicht die Angst vor den Wellen,
vor dunklen Wolken.

Gefragt, warum er das Meer meide,
antwortete er:
»Weil ich es liebe.«

So seid ihr nun nicht mehr Gäste und Fremdlinge,
sondern Mitbürger der Heiligen und Gottes Hausgenossen.
Epheser 2,19

7. Sonntag nach Trinitatis

Dach

Da gibt es auf zweieinhalbtausend Metern Höhe
eine Hütte in den Bergen,
die mir so nah ist
wie kaum ein anderes Haus.
Gelegen mitten in einem Alpenhochtal.
Ein Halbjahr Eis und Schnee.
Im Sommer ein kleiner Bach, sattes Grün, ein Weiher – am Ende einer Eiszeit beim Umblättern vergessen –, weite Stille jenseits der Baumgrenze.

Wer hier aushält, dem murmelt der Bach Geschichten ins Ohr.
Dem singen die Fallwinde Lieder.
Dem zimmert die Stille ein Dach.

Heilender,
grüner Friede.

Einmal noch dort sein dürfen …,
was für ein alberner Wunsch.

Auf meiner Reise
finde ich Unterschlupf,
eine Bleibe birgt mich,
ein Zaun umfriedet mich,
eine Quelle nährt mich.

In unsicheren Zeiten
ist eine Hütte in den Bergen
mehr als ein Palast im Tal.

Auf Dauer
wartet Heimat
jenseits der Zäune
unter Dächern
aus Zärtlichkeit und Wind.

Lebt als Kinder des Lichts; die Frucht des Lichts ist lauter Güte und Gerechtigkeit und Wahrheit.
Epheser 5,8b.9

8. Sonntag nach Trinitatis

Für euch

Für euch nicht alles.

Nicht alles,
aber das Zögern des Ostwinds,
die Tränen der Mütter,
die Schwielen der Arbeiter
und die Träume,
die vielen Träume,
dass sie euch nicht in Ruhe lassen mögen,
morgen,
wenn es an euch ist
die Welt zu verändern
und die Menschen zu lieben.

Vielleicht in Gottes Namen.
Vielleicht.
Vielleicht, dass ihr
dem »Vielleicht«
die Schwere nehmt?

Morgen.

Wenn wir
schweigen.

Wem viel gegeben ist, bei dem wird man viel suchen;
und wem viel anvertraut ist, von dem wird man umso mehr fordern.
Lukas 12,48

9. Sonntag nach Trinitatis

Stilles Leuchten

Er war weit gegangen,
abseits der Straße auf Wegen,
die kaum mehr erkennbar waren.
Weit ist er gegangen, ziellos, mit der gelassenen
Bereitschaft, einem Glück zu begegnen.

Da war ein stilles Leuchten am Gegenhang.
Nicht fordernd und lodernd –
wie der Dornbusch in der Wüste.
Nicht drängend und eilend –
wie die Feuersäule bei Nacht.

Es war das stille Leuchten eines Herbstbaumes
in der tiefen Sonne.
Er stand und spürte nicht, dass er stand.
Sammelte mit allen Sinnen kostbare Farben und Klänge.
Er hat den heiligen Boden nicht betreten.
Kniete, wo man sonst Früchte las.
Schwieg, wo man sonst Erntelieder sang.
Schloss die Augen, wo man sonst suchte.

Man erzählt,
sein Gesicht habe geleuchtet.

Als er zurückkam,
habe sein Gesicht geleuchtet.

Seinen Beruf als Maler habe er aufgegeben.
Man erzählt,
er singe nun Lieder.

Er, der von Geburt an stumm gewesen,
singe nun Lieder.

Wohl dem Volk, dessen Gott der Herr ist,
dem Volk, das er zum Erbe erwählt hat!
Psalm 33,12

10. Sonntag nach Trinitatis/ Israelsonntag

Der Bund ist nicht aufgekündigt

Martin Buber schreibt:

»*Ich lebe nicht fern von der Stadt Worms, an die mich auch eine Tradition meiner Ahnen bindet; und ich fahre von Zeit zu Zeit hinüber. Wenn ich hinüberfahre, gehe ich immer zuerst zum Dom. Das ist eine sichtbar gewordene Harmonie der Glieder, eine Ganzheit, in der kein Teil aus der Vollkommenheit wankt. Ich umwandle schauend den Dom mit einer vollkommenen Freude. Dann gehe ich zum jüdischen Friedhof hinüber. Der besteht aus schiefen, zerspellten, formlosen, richtungslosen Steinen. Ich stelle mich darein, blicke von diesem Friedhofgewirr zu einer herrlichen Harmonie empor, und mir ist, als sähe ich von Israel zur Kirche auf. Da unten hat man nicht ein Quäntchen Gestalt; man hat nur die Steine und die Asche unter den Steinen. Man hat die Asche, wenn sie sich auch noch so verflüchtigt hat. [...] Ich habe da gestanden, war verbunden mit der Asche und quer durch sie mit den Urvätern. Das ist Erinnerung an das Geschehen mit Gott, die allen Juden gegeben ist. Davon kann mich die Vollkommenheit des christlichen Gottesraums nicht abbringen, nichts kann mich abbringen von der Gotteszeit Israels. Ich habe da gestanden und habe alles selber erfahren, mir ist all der Tod widerfahren: all die Asche,*

all die Zerspelltheit, all der lautlose Jammer ist mein; aber der Bund ist mir nicht aufgekündigt worden. Ich liege am Boden, hingestürzt wie diese Steine. Aber gekündigt ist mir nicht. Der Dom ist, wie er ist. Der Friedhof ist, wie er ist. Aber gekündigt ist uns nicht worden.«
(Martin Buber, Theologische Blätter 12 [1933], S. 272 f.)

Ich weiß nicht, ob es je in der Weltgeschichte tiefere Gedanken gab als diese. Ein leidenschaftlicheres Ringen um einen gangbaren Weg. Einen ehrlicheren Umgang mit eigener Schuld und ein heilenderes Reden von Gottes Liebe.
Es ist kein neuer Bund, der in Jesus Christus aufgerichtet ist. Martin Buber hat recht: Es ist mir nicht aufgekündigt. Im Gegenteil, Inhalt und Leidenschaft – Passion – dieses Bundes verdichten sich noch einmal, so die junge christliche Gemeinde, die um Verständnis wirbt. Aus dem Herzen dieses Volkes, aus dem unbescholtenen und unschuldigen jüdischen Mädchen Mirjam und mitten aus dem Herzen Gottes, dort, wo die Liebe Gottes ihm selbst am meisten wehtut, sich lange vor aller menschlicher und irdischer Geschichte sehnt nach einem Gegenüber, das er lieben kann, – aus Herz und Herz kommt der, der eine Anschauung ist für das, was Jeremia seinem Volk verheißen hat.

Er verzeiht vor der Schuld,
er lebt vor der Zeit,
er ist eines Herzens mit Gott.

Er ist, so wagen es die Christen mit missverständlichen Worten und in zweideutigen Bildern zu sagen: Er ist Gott selbst. Er ist der Sohn und Bräutigam aus der Wüste. Er ist Gottes Herz, er ist der Hohepriester, er ist der stellvertretend für alle Leidende, er ist die Vergebung Gottes vor aller Schuld.
Nun, wo Gott sein Herz bloßlegt, am offenen Herzen Gottes – seht, wie es zittert und schlägt – am offenen Herzen Gottes ver-

zichtet auf alle anderen Wege und lasst euch endlich liebhaben. Juden und Christen.
Christen und Juden haben sich zu fragen, wofür ihr Herz schlägt. Die Elendsgeschichte und die Hoffnungsgeschichte der Völker dieser Erde sind untrennbar verwoben mit unserem Geschwisterkrieg. Noch im 2. Jahrhundert kannten die Geschichtsschreiber des römischen Kaisers keinen Unterschied zwischen Juden und Christen. Verfolgten sie die Juden, starben die Christen mit. Jagten sie die Christen, war das auch ein Todesurteil über die Juden. Früh haben beide versucht, ihre Haut zu retten auf Kosten des anderen.

Rechnen wir nicht auf.
Suchen wir am offenen Herzen Gottes den Frieden des anderen.
Entwerfen wir Visionen, vor denen keiner zittert. Gestalten wir einen Frieden, der keinen ausschließt. Suchen wir das Beste für Baum und Blume, Mensch und Tier.

Wie kann man lernen, wo gibt es den angstfreien Raum, in dem ich entdecke, dass ich längst ein Herz aus Fleisch habe? Doch dort, wo ich glauben kann, dass Gott vergibt vor meiner Schuld, dass ich geliebt bin nur um der Liebe willen, ohne eigenes Zutun. Dass Gott mich an der Hand nimmt, in Freiheit führt und keinen Blick hat für vergangene Schuld.

Nein, es wäre missverstanden, wenn wir von den Juden forderten, sie müssten – platt – »an Jesus glauben«. Sie sollen an Gott glauben. Sie sollen ihrem Glauben nicht noch etwas anderes hinzufügen, sondern in der Tiefe ihres Glaubens Gottes offenes Herz spüren.
Und wir Christen sollen in Christus nicht einen zweiten Gott anbeten, den wir den anderen voraus hätten. Wir sollen durch diese Tür, durch dieses offene Herz des einen Gottes grenzenlose Liebe erkennen.

Wie eine Klammer um die Familie Gottes, zu der Juden und Christen gehören, steht die Verheißung eines neuen Himmels und einer neuen Erde, in der Menschen in Frieden und Eintracht leben, weil ihr Herz gar nicht mehr anders kann, als im Takt der Liebe Gottes zu schlagen. Dann wird keiner mehr den anderen belehren. Dann werden wir wegen vordergründiger Wahrheiten, die wir an uns gerissen und zu unserem Besitz erklärt haben, keine Kriege mehr führen. Dann sind wir – in Gott.
Es sind Stunden größten Glücks und größten inneren Friedens, wenn wir – meist unverdient – schon jetzt ab und zu lieben können ohne Angst und glauben dürfen ohne den Halt an steinernen Tafeln. Es sind die Augenblicke, die wir nicht für uns behalten wollen. Es sind die Augenblicke, die wir mit der ganzen Welt teilen möchten. Dann sind wir »in Christus«. Im Herzen des dreieinigen Gottes und damit Herz an Herz mit dem Leben.

Manche haben gefragt:
Wie kann man nach Auschwitz an Gott glauben?
Oder: Wie kann man nach Auschwitz beten?
Ich könnte fragen:
Wie kann man nach Auschwitz auf eine Kanzel gehen und predigen?
Predigen kommt von »praedicare«, das heißt: loben, preisen, Gott loben, Gott preisen.
Kann ich Gott preisen?
Ja, für diese wunderbare Geschichte.
Ja, für Martin Buber, Selma Meerbaum-Eisinger, für Mascha Kaléko, für Rose Ausländer, für Hilde Domin und für viele, deren Namen verschollen sind.
Ich möchte aber noch mehr Gott klagen.

Klagen ob ihrer wunderbaren Geschichte.
Klagen für die sanften, schweren, wichtigen Gedichte.

Ach, was haben sie geliebt.
Mit leeren Händen geliebt.
Wie die meisten von uns – angewiesen auf Hoffnung – lieben.
In Sehnsucht eingehüllt, und müde von der Arbeit.

Ehrliche Liebe ist Arbeit.
Ehrliche Liebe fällt dir nicht in den Schoß.
Ehrliche Liebe ist ein Schrei nach Gnade.
Oder ein sanfter Ruf.
Ein leises:
Bitte!

Gott widersteht den Hochmütigen, aber den Demütigen gibt er Gnade.
1. Petrus 5,5b

11. Sonntag nach Trinitatis

Charlotte H.

37 Jahre und ein paar Tage alt war Charlotte H., als sie nachts gegen 23 Uhr das Fenster ihrer Wohnung im fünften Stockwerk des Häuserblocks aufriss und 20 Minuten lang Gesangbuchlieder sang, vornehmlich Loblieder.
Sie tat das, bis sie die Hand eines Polizeibeamten sanft, aber doch sehr bestimmt vom Fenster wegnahm, es schloss und die Vorhänge zuzog.
Daraufhin konnten die Nachbarn wieder schlafen, mehr oder weniger, entsprechend eigenem Gesundheitszustand.

Exakt zehn Tage schwieg Charlotte H.
Man hatte den Vorfall fast vergessen, war doch im Haus gegenüber eingebrochen worden und hatte sich das Ehepaar Schmied aus dem zweiten Stock getrennt. Gesprächsstoff genug.

Bis mitten in einer beliebten Fernsehunterhaltungssendung an einem Samstagabend (Erdnüsse und Füße auf dem Tisch, dazu kühles Bier und Zigaretten), mitten hinein in einen halbwegs gelungenen Witz des alternden Showmasters ein gewaltiges »Te deum« erklang:
»Großer Gott, wir loben dich!«
Alle Strophen, dazu noch »Lobe den Herren«.
Neu war die Rezitation des Psalms 23 und des Sonnengesangs des heiligen Franziskus aus Assisi.

Keiner fand Ruhe zum Sportstudio, das inzwischen, freundlich moderiert, längst begonnen hatte. Denn zum einen war die Polizei noch mit einem schweren Autounfall auf der Bundesstraße beschäftigt, außerdem drei Beamte abkommandiert zum nahegelegenen Atomkraftwerk, bei dem Unruhen erwartet wurden (vollkommen unbegründet, wie sich später herausstellte), und zum Dritten hatte Charlotte H. diesmal die Sperrkette vorgelegt, sodass die Polizei nur unter Gewaltanwendung und erst nach exakt 46 Minuten in die Wohnung eindringen und Charlotte H. dingfest machen konnte.
Inzwischen waren die Bundesligaspiele vorbei. Der Schütze des Tages hatte die Löcher in der Torwand verfehlt, und mancher sprach laut von Konsequenzen.

Nach kurzem stationären Aufenthalt im nahegelegenen Psychiatrischen Landeskrankenhaus ereignete sich nichts Erwähnenswertes mehr.

Autofahrer überfuhren mehrmals die rote Ampel, die Stadt hatte eine neue Weinkönigin, und Knut M. aus dem sechsten Stockwerk war arbeitslos geworden. Auch die Asthmaanfälle hatten sich gehäuft, aber das ist immer so bei Nebel. Und der Spielplatz war wieder mal voll Hundedreck, was zu einem lauten Streit zwischen Müttern und wenigen Hundebesitzern geführt hatte. Auch das gehörte zum Alltag, jedes Jahr, wenn die Herbstnebel auf- und die Tage sich zurückzogen.

Der dritte und letzte Vorfall kam vollkommen überraschend. Zur besten Einkaufszeit, als sich vor dem kleinen Supermarkt unten Autos und Menschen drängten, Grüße, Flüche und Hupen sich mischten, war Charlotte H. entsprechend des veränderten Publikumsstandortes auf ihren Südbalkon getreten, hatte ein Bettlaken entfaltet und aufgehängt mit der Inschrift:
»Kein Pfennig für Atomraketen« (exakt so),

hatte sich danach mit einer schweren Kette an das Balkongeländer gekettet und zu singen begonnen.
Der Verkehr geriet ins Stocken. Es ereigneten sich geringfügige Auffahrunfälle. Während Charlotte H. »Ich singe dir mit Herz und Mund« anstimmte, riefen die meisten nach der Polizei, einige nach Arzt und Pfarrer. Indessen versuchten Halbwüchsige ungehindert die Sängerin mit Kieselsteinen zu bewerfen.

Den anrückenden Wagen der Polizei und die örtliche Freiwillige Feuerwehr empfing Charlotte H. mit den Zehn Geboten und Martin Luthers Reformationshymne »Ein feste Burg ist unser Gott«.
Mitten in den Seligpreisungen der Bergpredigt, die Charlotte H. ebenso auswendig rezitierte, wie sie die Lieder auch ohne Hilfe von Noten und Text sang, wurde sie unter Gewaltanwendung der Beamten losgekettet und vom Balkon gezerrt. Ihr »Vaterunser« erstickte im blauen Frottee eines Handtuches.

Wer heute, nach 18 Jahren, Charlotte H. auf der Station 14 B der nahegelegenen Psychiatrischen Klinik besucht, erlebt sie still, in sich gekehrt, manchmal Lieder leise und unverständlich vor sich hin summend. Ihr Blick geht weit, durch dich hindurch, über dich hinaus. Ihre Finger sind in stetigem Spiel begriffen, das sanfte Lächeln wird nicht unterbrochen. Sie nimmt den Besucher nicht wahr, wird gebracht und weggeführt von einer Schwester in Blauweiß:
»Ja, hier ist der Herr Pfarrer, da freuen wir uns doch, nicht wahr, Frau H. Wir haben auch heute ganz brav gegessen. So, wir sagen jetzt ›Auf Wiedersehen‹. ›Auf Wiedersehen, Herr Pfarrer.‹«

Sie macht keine Schwierigkeiten mehr, ist integriert, ruhig geworden. Sie weiß nichts mehr von draußen, weder vom Häuserblock noch von den Verwandten oder den Atomraketen.

Ihre Wohnung hat in der Zwischenzeit drei Mal den Mieter gewechselt, eine geschiedene Frau mit zwei Kindern, eine türkische Familie, jetzt wohnt eine junge Frau dort, über die sehr viel geredet wird.

Charlotte H. wurde recht schnell entmündigt, war doch ein erhebliches elterliches Erbe vorhanden, sowohl in Grundstücken, Bargeld wie auch an einem Vorstadteinfamilienreihenhaus in der Nähe von Wiesbaden. Ihr blieb eine bescheidene monatliche Rente in Höhe von wenigen hundert Euro, mit denen der Frisör, ab und zu ein neues Kleid und die Kollekte beim Kirchenbesuch bezahlt werden.
Besuch von den Verwandten, eine Schwester, ein Bruder und deren Familien, gibt es nicht. Ihre Existenz wird verschwiegen, um die Familie nicht noch mehr zu belasten. Die Schande soll besonders den Kindern erspart bleiben. Die Familie der angeheirateten Schwiegertochter erfuhr erst nach der Hochzeit von der Existenz des familiären Schandflecks, was einige peinliche Gespräche zur Folge hatte.
»Die ganze Familie wird von der noch ruiniert«, brüllte der Bruder alkoholisiert im ehelichen Schlafzimmer. »Schluss jetzt und aus! Kein Ton mehr über die.«
»Für uns ist sie gestorben«, pflichtete seine Frau bei.

Bekannten erzählte man von einem Umzug, manchen sogar von einer plötzlichen Auswanderung nach Australien – sieht der ähnlich bei ihrem Tick. Vor Dritten wurde sie für tot erklärt. Die Beerdigung hätte in Wiesbaden und im engsten Familienkreis stattgefunden.

Derweil Charlotte H., körperlich völlig gesund, bei Besuchen des Pfarrers mit den Fingern spielt und alte Lieder summt.

*Das geknickte Rohr wird er nicht zerbrechen
und den glimmenden Docht wird er nicht auslöschen.*
Jesaja 42,3

12. Sonntag nach Trinitatis

Einfache Worte

Vielleicht
dass wir noch mehr
der Einfachheit
dienen müssen

dem missverständlichen
so und so sagbaren
unabgesicherten
fußnotenlosen
schwachen Netz
aus Worten

wie

ich liebe
du liebst
ER liebt

Christus spricht: Was ihr getan habt einem von diesen meinen geringsten Brüdern, das habt ihr mir getan.
Matthäus 25,40

13. Sonntag nach Trinitatis

Brettschneider

Ist Ihnen Brettschneider auch schon begegnet?
Man übersieht ihn leicht. Zwei Tragtüten links und rechts, den Mantelkragen hochgeschlagen, zugeknöpft, sitzt er auf einer Parkbank, Kopf nach vorne gesenkt.
Wer ihn sucht, kann ihm jeden Morgen begegnen im Ottilienpark, Südseite, zweite Bank rechts. Von April bis weit in den Oktober. Manchmal Tauben fütternd, manchmal schon gegen Mittag wermutmüde.
Natürlich ist er friedlich, belästigt keinen, pfeift nicht einmal mehr den Mädchen der Oberklassen vom nahegelegenen Gymnasium nach. Sonst hätte der Parkwächter für Ordnung gesorgt.

Ob wir uns schon so an ihn gewöhnt haben, weil er immer übersehen wird?
Gut, die Zweige der Weide hängen tief, sein Anblick ist nicht erhebend, und wir haben meist wenig Zeit.

Irgendwo zwischen letztem Schluck Kaffee und erstem Ampelstopp begegnen wir ihm jeden Morgen, begegnen wir ihm jeden Morgen nicht. Es kommt nicht einmal zu jenem funkelnden Augenblick, an dem sich Wege kreuzen, Entscheidungen in Sekundenschnelle fallen, der kurze Sekundenbruchteil, wo sich Augen und Augen treffen. Dieses Blitzgespräch, Frage und Antwort und vorbei. Hunderte, Tausende dieser Begegnungen mit entgegenkommenden Passanten, auf Bahnhöfen, an der Ampel die kurze, wortlose Begegnung mit dem Vorbeifahrenden, mit denen, deren Nähe du spürst auf Zebrastreifen und Rolltreppen. Blicke tauchen in Geschichten.

Jeder trägt Millionen Sammelalben mit sich, eigenartige Begegnungen, jeweils nur der Beginn. Als ob einer Ouvertüren sammelte oder Vorworte von Büchern oder Fernsehansagen oder Heftumschläge oder Auftakte oder Startkommandos. Es bleibt bei diesem Augen-Blick. Ehe sie wurden, waren die Begegnungen schon verdurstet.

Bei Brettschneider kommt es nicht einmal dazu.
Sie kennen Brettschneider nicht?
Genau das ist es, was ich meine.

Brettschneider kommt gar nicht dazu, Ihr Leben zu bereichern mit seinen Erfahrungen. Hat keine Gelegenheit, seine über Jahre gesammelten Beobachtungen weiterzugeben über die Zusammenhänge vom Gang der Menschen und der Tageszeit, über die Gesetzmäßigkeiten von Stimmhöhe und Handhaltung bei Müttern mit Kleinkindern, über die Zusammenhänge von Schwalbenflug und Martinshorn, Windrichtung und Ehestreit. Er kommt einfach nie dazu, weil ihm keiner begegnet.

Brettschneider ist eine Ihrer vielen vertanen Möglichkeiten.
Vielleicht achten Sie doch einmal auf ihn, sprechen ihn an.
Sie werden einer Leichtigkeit begegnen, die Ihnen fehlt.

Ich bin sicher, Brettschneider kennt Sie.

Lobe den Herrn, meine Seele, und vergiss nicht, was er dir Gutes getan hat.
Psalm 103,2

14. Sonntag nach Trinitatis

Weg

Straße am Meer
windschiefe Bäume
Böen von West
in sinkender Sonne
untergehakt wir zwei

Felsen im Blick und Weite
Brandung und Sand
du schmiegst dich an mich
machst mich glücklich
mit dieser Nähe

unser Schweigen
wartet ein Lächeln lang in uns
gelöst und befreit
dankbar
es ist gut
wie es ist

ein Amen dem Weg
zu dem Gott uns traute

Alle eure Sorge werft auf ihn; denn er sorgt für euch.
1. Petrus 5,7

15. Sonntag nach Trinitatis

Sei, Kind!

Sei und werde –
und lass dir nicht vorschreiben,
was sein und werden soll.
Sei und werde
Mensch unter Menschen.

Ach, du darfst wachsen,
was für ein Geschenk,
was uns Älteren
nur noch in Maßen geschenkt wird,
dir in aller Fülle.

Du wirst sehen –
wenn es dir gegeben ist –
wirst du staunen,
stotternd staunen,
dir werden die Worte fehlen,
echt.

Was allein zählt:
dass dein Herz lacht
und du dich nicht beugst vor den Falschen.
Mensch.
Du.

*Christus Jesus hat dem Tode die Macht genommen und das Leben
und ein unvergängliches Wesen ans Licht gebracht durch das Evangelium.*
2. Timotheus 1,10b

16. Sonntag nach Trinitatis

Ich würde gerne gedacht haben wollen

Könnte ich,
wie ich wollte,
ich würde.

Täte ich,
was ich träume,
ich könnte.

Träumte ich,
was ich würde,
ich wüsste.

Könnte ich,
wenn ich wollte,
und täte,
was ich träumte.

Aber ob ich dann hätte,
was ich dachte,
und würde,
was ich könnte,
weiß ich nicht.

Aber das wäre –
wenn ich täte,
was ich könnte,
und sagte,
was ich denke –,
gar nicht mehr wichtig.

Doch es ist einfacher:

Sie beugen mich.
Sie kneten Sätze und zähmen Einsichten.
Sie fesseln ein Nein und zwingen ein Vielleicht.
Sie beugen Verben, verdrehen Substantive
und ändern den Artikel.

Und ich entschuldige mich:
»Entschuldigen Sie bitte,
aber ich war ganz in Gedanken.«

In wessen Gedanken
war ich
eigentlich?

Unser Glaube ist der Sieg, der die Welt überwunden hat.
1. Johannes 5,4c

17. Sonntag nach Trinitatis

Wenn unser Leben gelingt

Wenn unser Leben gelingt,
reihen wir uns ein
wie die Zugvögel im Herbst
Richtung Wärme.

Folgen Wegen,
die ein Geheimnis bleiben
und dennoch
ans Ziel führen.

Dies Gebot haben wir von ihm, dass, wer Gott liebt, dass der auch seinen Bruder liebe.
1. Johannes 4,21

18. Sonntag nach Trinitatis

Zweimarkfünfzig Liebe

Monate Krankenlager lasten im Zimmer.
Haben sich auf Möbel gelegt, sind in Ritzen und Vorhänge gekrochen, selbst das Licht der Wohnzimmerlampe ist getrübt, belegt wie die Stimmen am Sterbebett.

Sie war eine der ersten Sterbenden, zu denen ich gerufen wurde. Zweites oder drittes Stockwerk in einem großen, quadratischen Häuserblocks mit Innenhof (Ballspiele verboten!) in der dichtbebauten Mannheimer Gemeinde.
Junger Pfarrvikar mit Gitarre, veränderungsbewusst, kritisch, in Jeans.

Sie lag seit Monaten, wog längst unter 100 Pfund. Arme Verhältnisse, keine Kinder, der Mann Briefmarkensammler. Liebe Menschen, keine Kirchgänger, einfach und aufrecht in ihrer Armut alt geworden.

Gespräch, Gebet, vielleicht auch Segen.
Ich weiß es nicht mehr.
Ich kann mich noch an das Zimmer erinnern, an das Bett, nicht mehr an das Gespräch.

Ich stehe auf und will gehen.
Sage einer Sterbenden auf Wiedersehen.

»Ich komme wieder.«
Händedruck mit dem Ehemann, er bringt mich zur Tür.

»Halt.«
Sie nimmt ihre Hände unter der Decke vor.
Kalte Hände, alte, faltenreiche, arme Hände.
Abgearbeitet in 70 Jahren Leben und Überleben.
Sie öffnet langsam –
wo nimmt sie diese Kraft her? –
die Schublade neben ihrem Sterbebett.
Aus einem schwarzen, abgegriffenen Geldbeutel
drückt sie mir etwas in die Hand.

»Sie werden schon einen guten Zweck wissen.«
Ich nicke.
Reden kann ich nicht.

Ich nicke und gehe.
In meiner Jackentasche brennen zweimarkfünfzig Liebe.

Aller Augen warten auf dich, Herr, und du gibst ihnen ihre Speise zur rechten Zeit.
Psalm 145,15

Erntedankfest

Das Brot des Inselmalers

Er war Maler, genauer Inselmaler auf einer kleinen Nordseeinsel. Hatte bei gutem Wetter seine Bilder vor dem reetgedeckten Haus hinter der Ostdüne ausgestellt, dazu kunstgewerbliche Handarbeiten seiner Frau.
Wir lernten uns zufällig kennen, kamen ins Gespräch, er eher wortkarg, aber doch sehr sympathisch.

Ich besuchte ihn von da an mehrmals.

Einmal lud er mich ein zu einer Tasse Tee.
In die Küche.
Es war starker, ostfriesischer Tee.
Und es gab flach geformtes Brot mit Butter dazu.
Er schnitt das Brot nicht in Scheiben,
er brach es.

Ich muss etwas befremdet geschaut haben,
vielleicht habe ich sogar nachgefragt.
Jedenfalls erinnere ich mich, wie er sagte:
»Brot darf man nicht schneiden.
Brot muss man brechen.
Er hat das Brot auch gebrochen.«

»Er?«

»Jesus«, sagte er.
»Er hat das Brot auch gebrochen, und das ist die einzig anständige Weise, wie man mit Brot umgeht. Man verliert jeden Bezug zu seinem Wert, wenn man mit Maschinen Brot schneidet, es in Plastik verpackt und verkauft.«

Noch heute, Jahrzehnte nach dieser Begegnung, sehe ich ihn am Küchentisch sitzen. Brot brechen. Wortloses Zeichen.

Jahre später kam ich wieder auf die Insel.
Ein anderer wohnte in seinem Haus.
»Er ist weggezogen, in den Süden«, sagte man.
Ob er noch lebt, weiß ich nicht.

Aber ich sehe ihn im Geist unter tunesischen oder spanischen Fischern sitzen,
Wein trinken und Brot brechen.

Und mir ist, als sei er,
der das Brot nicht schnitt, sondern brach,
überall zu Hause.

Heile du mich, Herr, so werde ich heil; hilf du mir, so ist mir geholfen.
Jeremia 17,14

19. Sonntag nach Trinitatis

Es müssten sich doch Engel finden, die uns lehren

Wenn für andere die Nacht beginnt, beginnt für Wilfried S. der Tag.
Er erträgt das Dunkel nicht, das Abnehmen der Geräusche bis zur Stille. Nun beginnt sein stetiger, nächtlicher, ganz persönlicher Kampf. Ruhelose Runden dreht er im Zimmer, will mit dem Kopf durch die Wände, die mit Kissen und Teppichen gepolstert sind. Die Schmerzen sind unerträglich. Todesangst in Atemnot, quälender Schmerz in Brust, Bauch und Unterleib. So schleppt er sich auf Knien durch die Nacht, wälzt sich auf Boden und Bett, will aus sich heraus und in sich hinein, spürt überall Mauern ohne Tür.
Nächte in Panik, Tage in schlafloser Erschöpfung, dem Tod näher als dem Leben, verbringt er seine Zeit in steter Unruhe. Körperkrämpfe, Zittern, Krümmen, sterben wollen, leben wollen. Es gibt kaum noch Medikamente oder Lebensmittel, die der hochallergische Körper erträgt. Die wunde Seele liegt bloß wie ein Herz bei der Operation am offenen Brustkorb. Abgemagert bis weit unter einen Zentner, bietet der Körper keinen Schutz mehr. Der Mantel um die Seele ist zerrissen.

Wilfried S. war von Geburt an hypersensibel, allergisch, ein autistisches Kind. Mit den üblichen, meist misslungenen Therapien in verschiedenen Kliniken. Liebe kennt er nicht, allenfalls aus Büchern und von anderen. Er hat nie erfahren, dass einer blieb, Mutter nicht, Vater nicht, Therapeuten nicht, Ärzte nicht. Keiner ist geblieben. Jeder hat ihn nach wenigen Wochen, manchmal nur Tagen, abgegeben an den nächsten.

Eigenartig, dass das apokryphe Hebräer-Evangelium an einen unruhigen Gott denkt.

Im Zusammenhang mit der Taufe Jesu findet sich der in Gottes Mund gelegte Satz:
»In allen Propheten habe ich dich erwartet, auf dass du kommst und ich in dir ruhe, denn du bist meine Ruhe.«

Jesus, der Christus, beendet nicht nur das Warten der Menschen, ist Antwort auf die vielen offenen Fragen des Lebens, der Christus beendet auch das Warten Gottes. In ihm kommt Gott zur Ruhe. Das Kommen und Bleiben des Sohnes wird dem Vater zur Ruhe: Du bist meine Ruhe.

Wilfried S., und nicht nur er, brauchen einen, der bleibt.
Das Bleiben, das Aushalten, das Ruhen ist schwierig.
Unseren Kindern erzähle ich in einer meiner Kindergeschichten:
Ein Engel ist einer, der bleibt.
Selbst Gott wartet auf den einen, in dem er seine Ruhe findet.
Einer wird des anderen Ruhe, wenn er bei ihm bleibt.
Einer des anderen Engel.

Es ist noch ganz offen, wer und was aus Wilfried S. wird.
Er übt unter großen Qualen Vertrauen haben in das Bleiben anderer.
Noch erträgt er nur die Nähe von zwei, drei Menschen.
Eines Tages, ich bin mir gewiss, werden es viele sein, und er selbst kann anderen zum Engel werden.

Jeder von uns lebt davon, dass Gott bleibt, dass Jesus der »Gott mit uns« ist.
Die Ur- und Todesangst, alleingelassen zu werden, wird so oft bestätigt.
Das Urvertrauen, geliebt und anerkannt zu sein, ist dagegen ein verkümmertes Pflänzchen in unserer an Engeln armen Welt.

Die Engel im Himmel feiern nicht nur ein Fest bei der Umkehr eines einzigen Sünders. Sie feiern auch, wenn es dir gelingt, bei einem Menschen zu bleiben und ihm so das verlorene Vertrauen in die Liebe Gottes zurückzugeben.

Ob wir Möglichkeiten finden, wo man Bleiben üben kann?
Es müssten sich doch Engel finden, die uns lehren …

Es ist dir gesagt, Mensch, was gut ist und was der Herr von dir fordert, nämlich Gottes Wort halten und Liebe üben und demütig sein vor deinem Gott.
Micha 6,8

20. Sonntag nach Trinitatis

Credo I

Ich glaube,
dass ich Zeit besser verstehe ohne Uhr,
dass ich Liebe besser verstehe ohne Kalkül.

Ich spüre,
es macht glücklicher zu geben,
als zu nehmen,
es macht freier zu weinen,
als zu siegen.

Ich fürchte nicht die Häme.
Ich fürchte den Erfolg.
Häme macht frei.
Erfolg bindet.

Ich bin ein Narr,
wenn ich glaube.
Ich bin ein Tor,
wenn ich weiß.

Christus ist mir ein Rätsel

Ich glaube,
er wird es lösen.

*Lass dich nicht vom Bösen überwinden,
sondern überwinde das Böse mit Gutem.*
Römer 12,21

21. Sonntag nach Trinitatis

Wo Rauch ist, ist auch Feuer

»Wo Rauch ist, ist auch Feuer«, sagt eine Frau zur anderen, nimmt magenschonenden Kaffee vom Regal und Alete für den Kleinen.

»Wo Rauch ist, ist auch Feuer«, sagt sie, und schiebt ihren Wagen zur Kasse.
»Denken Sie wirklich?«, fragt die andere. »Ich kann das kaum glauben, er war doch immer so freundlich und hilfsbereit.«
»Wo Rauch ist, ist auch Feuer«, sagt die Erste und greift nach den Zigaretten. »Von nichts kommt nichts. Und überhaupt sind ab acht abends bei denen die Läden runter, und die Frau geht kaum aus dem Haus.«
»Aber das will doch nichts heißen. Vielleicht …«
»Ha, wo Rauch ist, ist auch Feuer – und bitte noch 'ne Plastiktüte – und überhaupt, wenn's schon die Zeitungen schreiben. Ich sag' immer zu meinem: Wer zu Hause säuft, wird nicht erwischt! Tja, der hat noch seinen Führerschein. Der überfährt kein Kind.«
»Ja, meinen Sie wirklich, er hätte es getan, und dann einfach liegenlassen, einfach so, und dann davonfahren? Das will mir nicht in den Kopf.«
»Ich sag's Ihnen doch: Wo Rauch ist, ist auch Feuer. Und die Binder nebenan, die hat gesehen, wie er heimkam an dem Abend. Die Garagentür hat er zugeschlagen, dass die Gera-

nien auf dem Balkon gewackelt haben. Und kaum war er daheim: Läden runter. Na, wenn der kein schlechtes Gewissen hatte! Ich sag' immer zu meinem: Lass die Finger davon. Zu Hause ja, da sieht's keiner. Und überhaupt gibt's da noch ganz andere Sachen, aber über die redet man nicht. Sonst wird man noch hineingezogen, und das will man ja nicht. Man denkt sich halt seinen Teil. Man hat ja Augen und Ohren.«
»Wenn Sie meinen«, sagt die andere ...

Am 8. wurde Horst Schindler verurteilt.
15 Jahre.
Trunkenheit, Fahrerflucht, unterlassene Hilfeleistung, fahrlässige Tötung usw.
Am 12. stand in der Zeitung, er habe sich in der Zelle erhängt.
Geschehen im August.

»Ich hab's Ihnen doch gesagt, wo Rauch ist, ist auch Feuer. Man hat das so im Gespür. Das hat man, oder man hat's nicht.«

Im Oktober stellte sich eine Frau der Polizei
und gestand die Tat.
Verheiratet. Sie hatte sich mit ihrem Freund getroffen.
Und drei Kinder zu Hause.
Jetzt kann sie nicht mehr, ist am Ende.
Sie geht zur Polizei und gesteht.

»Man kann sich ja mal irren«, sagt sie
und schaut auf den Einkaufszettel.
»Ach ja, noch Salz ...«

Horst Schindler war zu diesem Zeitpunkt
schon lange beerdigt.
Steine waren keine geflogen gegen seinen Sarg.

Bei dir ist die Vergebung, dass man dich fürchte.
Psalm 130,4

22. Sonntag nach Trinitatis

Karl P.

Ich weiß nicht einmal, ob er noch lebt. Vor über 30 Jahren war's, da stellt er sein Fahrrad an unser Pfarrhaus in Mannheim, klingelt, steht da mit einer Plastiktüte. Ob ich was zu essen hätte.
Ja, Suppe. Suppe wär' auch gut.
Ich geh' hoch, bringe die Suppe nochmals zum Kochen und schneide ein dickes Stück Brot ab. Dann rein in die Schüssel, Löffel holen, Brot mitnehmen.
Er steht schon unten an der Treppe. Wartet. Nein, er will nicht hier essen. Er habe es eilig. Da kippt er einfach die Suppe in die mitgebrachte Plastiktüte, verabschiedet sich hastig und ist weg. Ich habe schon einiges erlebt, aber das ...

Nachmittags klingelt die Gemeindediakonin: ob ich das Geld weggenommen hätte für die Diakonie-Sammlung?
Nein, wieso?
Es ist weg. Über 200 Mark.
Den ganzen Tag war ich allein im Haus. Ja – bis auf ihn.

»Stadtstreicher« nennen wir sie.
Etwas vornehmer »Durchwanderer«.
Für mich ist der Fall klar. Während ich oben die Suppe koche, räumt er unten die Sammelbüchsen aus. Ich rufe bei der Polizei an, gebe eine Beschreibung, bin sauer.

Am nächsten Morgen um sechs klingelt es.
»Polizeirevier soundso, Mannheim. Wir haben ihn. Wir brauchen Sie für die Gegenüberstellung.«

Es ist nicht weit bis zur Polizeistation. Ich komme da hin, und mich trifft fast der Schlag. Da sitzt der arme Kerl. Ja, er ist es. In einem Mantel, den man ihm um die Schultern gelegt hat. Stierer Blick. Blut im Gesicht. Kopf nach vorne gebeugt. Handschellen. Warum das Blut? Ich weiß nicht. Jedenfalls kein Wort von ihm. Er schaut mich kurz an. Das ist alles. Ja, das ist der Mann. Ich muss unterschreiben, darf wieder gehen. Mir wird immer unwohler.

In den Tagen danach versuche ich, die Anzeige zurückzunehmen.
Ich könnte doch spielend die 200 Mark aus eigener Tasche bezahlen.
Geht nicht mehr.
Ich hab' dem doch längst verziehen.
Kann man nicht ...? Nein, man kann nicht.

Wir sehen uns vor Gericht wieder.
Ich will die Anzeige zurückziehen. Geht nicht.
Ich muss sagen, was ich gesehen habe.
Stimmt ja auch. Er war ja da, und außer ihm keiner. Aber könnte nicht doch vielleicht. Ich versuche, den armen Kerl zu entlasten.

Urteil: ein Jahr Gefängnis ohne Bewährung. Das Fahrrad, auf dem er damals vorgefahren war, war auch noch geklaut. Ein Jahr Gefängnis. 200 Mark aus der Sammlung. Blut im Gesicht. Ein Jahr Gefängnis. Sechs Uhr morgens. Das Geld hatte er fast alles noch. In seinem heruntergekommenen Wohnwagen hatten sie ihn geschnappt. Ein Jahr Gefängnis.

Ich hatte die Episode längst vergessen.
Eines Tages klingelt es.
Er steht vor der Tür.
Sieht gar nicht mal schlecht aus.
»Kennen Sie mich noch? Ich bin der Soundso. Jetzt kann ich's ja zugeben. Ich war's. Heute Morgen bin ich rausgekommen. Gleich hierher. Ich wollte Ihnen sagen, jetzt kann ich's ja, ich hab' ja dafür gesessen. Ich hab' das Geld wirklich geklaut. Aber«, sagt er: »Ich verzeihe Ihnen – ich verzeihe Ihnen!«

Und dann haben wir miteinander gegessen.
Und er saß in meinem Pfarramt.
Er hat erzählt, und ich habe erzählt.
Wir hatten beide Hunger.

Ich weiß bis heute immer noch nicht richtig,
wer da wem vergeben hat.
Und ob nicht beide Grund hatten, um Vergebung zu bitten.

Die Geschichte bringt mich noch heute durcheinander.
Denn Karl P. lebt noch, so hoffe ich jedenfalls, irgendwo in einem Wohnwagen in Mannheim.

Es war eigentlich frech.
Aber sagen Sie mir – jenseits des Strafgesetzbuches:
Wie würde der Mann aus Nazareth urteilen?
Im Zweifel für den Angeklagten?
Nun sagen Sie mir: Wer saß da eigentlich auf der Anklagebank?

Dem König aller Könige und Herrn aller Herren,
der allein Unsterblichkeit hat,
dem sei Ehre und ewige Macht.
1. Timotheus 6,15b.16a.c

23. Sonntag nach Trinitatis

Manchmal

Es müssen nicht Kathedralen sein,
nicht die weiten Ufer der Ozeane
oder die stillen Hochtäler Nepals.

Manchmal genügt es,
für eine kurze Zeit den Weg zu verlassen
und zu schauen.

Es müssen nicht Kathedralen sein
oder die Kreuzgänge der Klöster.

Manchmal genügt es,
die Augen zu schließen,
die Hände ineinanderzulegen
und tief zu atmen.

Einen andern Grund kann niemand legen als den, der gelegt ist, welcher ist Jesus Christus.
1. Korinther 3,11

Reformationsfest

Feierabend

Räder, Hufe und Tritte schweigen.
Die Axt ruht in der Kammer.
Feierabend.

Ich klopfe
an die Tür des Weisen
am Abend.

Ich entschuldige mich für
die schmutzigen Schuhe.

Er hilft mir aus dem Mantel:

»Behalten Sie die Schuhe an.
Legen Sie Ihre Uhr ab.«

*Mit Freuden sagt Dank dem Vater, der euch tüchtig gemacht hat
zu dem Erbteil der Heiligen im Licht.*
Kolosser 1,12

24. Sonntag nach Trinitatis

Unsicher der eigenen Sätze

Unsicher der eigenen Sätze,
an die andere sich halten,
spanne ich einen Steg,
baue Brücken,
in kindlichem Vertrauen,
dass beide Ufer
unter dem wildfremden Wasser
längst miteinander verbunden sind.

Unsicher des eigenen Glaubens,
binde ich mein Gebet
an die Hoffnung dessen,
mit dem ich bete,
seine Hoffnung stärkt mich.

Es gibt den sicheren Glauben nicht,
die einsame Hoffnung
oder das erfolgreiche Gebet.

Es gibt nur Menschen,
die sich an den Glauben von Menschen hängen,
der an dem Glauben von Menschen hängt,
der wieder am Glauben von Menschen hängt.
So sind wir.

Ehrlich.

Und wer uns anders will,
wer Lebensversicherungen abschließen
oder wenigstens eine Garantie will,
die er einlösen kann –
so ist das nicht.

Unsicher der eigenen Sätze,
bauen wir an einer Brücke,
spannen einen Steg
und gehen aufrecht.

Und so,
in der Hoffnung
auf den Glauben des anderen,
wächst Teil um Teil
eine Brücke,
die alle trägt.

Siehe, jetzt ist die Zeit der Gnade, siehe, jetzt ist der Tag des Heils.
2. Korinther 6,2b

Drittletzter Sonntag des Kirchenjahres

Credo II

Als ich ein Kind war, glaubte ich wie ein Kind.
Ich glaubte an einen lieben Gott:
Er hatte Zeit für mich, hatte Geduld mit mir,
den Steinen gab er die Wärme,
dem Gras gab er seinen Glanz
und mir gab er ein Zuhause,
in das mich nichts Böses verfolgte.

Ich konnte noch nicht lesen, da war er mir schon vertraut
in Jesus, der mir sanft erschien in seiner Zärtlichkeit,
ein Leben, in dessen Gegenwart sich die Angst davonmachte.

Als ich erwachsen wurde, begann ich wie ein Erwachsener
zu glauben:

Die Zahlen und Buchstaben, das Messen und Teilen
machten mich mächtig.
Mal teilte ich Gott in einen guten und in einen bösen.
Mal sprach ich ihm die Kompetenz ab, oft auch die Liebe.
Schließlich verweigerte ich ihm überhaupt die Anerkennung.

Ich berechnete das Alter der Steine,
lernte die Namen der Gräser,

fand mich ohne Heimat, mit wechselnden Freunden
und unsteten Überzeugungen.

Das geduldige Lächeln der Sterne war ausgeblendet.
Ich schaute zur Erde, und sie schrie.
Sie litt und war durchtränkt vom Blut der Opfer.

Ich kämpfte für das Recht und sah die Händler verdienen.
Ich diskutierte in langen Nächten über Gottes Existenz.
Aber da war am Morgen kein Gott,
wenn sie mit motorisierten Wagen
die Toten der Nacht wegschafften.

Jesus wurde zum Traum.
Der Heilige Geist blieb eine schwache Hypothese.
Mehr nicht.

Und Auferstehung?
Auferstehung war eine zynische Lüge in der Hand der Händler
zur Täuschung der Elenden,
und eben noch tauglich für Pro und Contra,
weiß Gott aber nicht der Grund meiner Hoffnung.

Nun, da ich älter werde, entdecke ich neu
die verschütteten Spuren Gottes.
Ich beginne wieder, seiner Liebe zu trauen.

Und so sage ich heute mutig, trotzig, befreit,
jedoch ohne Anspruch auf Endgültigkeit:

Gott hat Zeit für mich, hat Geduld mit mir,
den Steinen gibt er die Wärme,
dem Gras schenkt er den Glanz
und mir gewährt er ein Zuhause,
in das mich nichts Böses verfolgt.

Ich muss nicht mehr lesen.
Ich habe gelernt, zu hören.
Ich höre eine Stimme, ihr Klang ist mir vertraut.
Sie kommt aus der Tiefe der Zeit,
aus meiner eigenen Mitte,
aus dem Schweigen der Einfachen,
aus dem stummen Spiel der Fische
und aus dem Gezwitscher der Vögel im Gesträuch.

Aus dem Herzen Gottes spricht die Liebe
in Jesus, der mir sanft erscheint in seiner Zärtlichkeit,
ein Leben, in dessen Gegenwart
sich die Angst davonmacht.

Mir ist Gott mit den Jahren wieder lieb geworden.
Er wird meine Umwege verstehen.

Gott braucht lange.
Gott dauert.

Wir müssen alle offenbar werden vor dem Richterstuhl Christi.
2. Korinther 5,10

Vorletzter Sonntag des Kirchenjahres

Die Frau in Schwarz

Ich kenne sie nur in Schwarz. Schwarz der Rock, die Schürze, Jacke und Mantel. Tasche und Strümpfe schwarz. Selbst das Fahrrad schwarz.
Am Nachmittag führt ihr Weg an meinem Fenster vorbei. Jeden Nachmittag. Immer mit dem Fahrrad.
Je nach Witterung und Tragelast fährt sie oder geht sie zu Fuß und schiebt. Krankheiten, Gewitterregen und Eisglätte nicht mitgezählt, macht sie im Jahr sicherlich dreihundert Mal auf diese Weise den Weg zum Friedhof.

Ich kenne sie nur in Schwarz.
Seit Jahren nun wohne ich hier.
Keine Veränderung. Täglich der Weg zum Friedhof mit dem Fahrrad. Nachmittags zwischen halb drei und halb vier.
Ich habe mich erkundigt. Hier ihre Geschichte:

1932 geboren in der nahegelegenen Stadt. Der Vater verdient sein Geld als Goldschmied. 1940 stellt der Betrieb um. Statt Broschen Patronen, statt Eheringen Granaten. Der Vater redet zu Hause nicht darüber. Die Mutter versorgt den Haushalt und die vier Kinder: drei Mädchen, ein Junge. Sie ist die Zweitjüngste, der Junge geht schon in die Lehre, da kommt sie erst zur Schule. Zwei Mal in der Woche geht die Mutter bei

Geschäftsleuten putzen. Sie wohnen in der Arbeitersiedlung im Osten der Stadt.

1942 kommt die Nachricht vom Heldentod des Bruders. Ostfront. Kein Brief, kein Grab, nur die Blechmarke mit Begleitschreiben. Die ältere Schwester ist beim Arbeitsdienst (Uniformen nähen), die jüngere Schwester kränkelt immer. Ein bleiches, ernstes Kind mit durchsichtiger Haut. Die Mutter weint oft. Der Vater ist selten daheim.

Mitte September 1944 trifft bei einem alliierten Großangriff auf die Stadt ein Volltreffer die Munitionsfabrik. Hundert Meter hohe Stichflammen, verbranntes Fleisch, Teile von Gliedmaßen, Ziegel und Gebälk. Die Stadt ist ein Flammenmeer, eine Hölle ohne Entrinnen.

Sie liegt, von der Mutter zur Tante geschickt, verschüttet in einem Keller. Als man sie nach zwei Tagen und Nächten freigräbt, hat sie die Sprache verloren. Sie kann nicht mehr sprechen bis zum heutigen Tag. Ziellos irrt sie durch die Stadt, findet weder Lebende noch Tote. Außer ihr lebt niemand mehr von der Familie. Kein Haus, kein Grab, kein Bild – nichts. Für Tage weiß keiner, wie sie sich überhaupt durchschlägt. Ob sie unter Brücken oder auf dem Friedhof nächtigt, ob sie – zwölfjährig – in Notbaracken haust. Eine Nachbarin findet sie zufällig in vollkommen verwahrlostem Zustand.

Später, nach dem Krieg, hat sie dann auf dem Feld gearbeitet, bei Bauern. Danach bei einem Gärtner. Sie wohnte erst im »Armenhaus«, dann wieder beim Bauern, dann wieder im »Armenhaus«. Genaues weiß keiner.

Heute lebt sie mit kleiner Rente und kleinem Gärtchen im Hinterhof der Post. Kinder hatten sie früher erschreckt mit brennenden Streichhölzern, später mit kleinen Feuerwerkskörpern. Das ist lange nicht mehr. Hätte sich ihrer nicht der Vorsitzende der Arbeiterwohlfahrt angenommen und wäre nicht der Finanzfachmann im Kirchengemeinderat ein entfernter Verwandter, sie wäre wohl längst im Heim.

Den »Tick mit dem Friedhof«, erzählt mir ein Einheimischer, habe sie schon lange. Schon in der Stadt sei sie täglich dorthin gegangen. Stundenlang. Es ist ja auch ein großer Friedhof, zu groß, wenn eine eben so einen »Tick« hat.
Das mit dem Schwarzen sei noch gar nicht so alt, zehn Jahre vielleicht. Als damals die Scheune einstürzte und das Kind des Bauern, bei dem sie früher gelebt hatte, darunter starb. Schon tags drauf sei sie schwarz zum Friedhof geradelt. Und so sei es geblieben bis heute.
Warum? Das weiß keiner.
Und sie kann ja nicht reden.
Manchmal, sagt er, meine ich, sie könnte es, aber sie will nicht mehr.

Wenn sie zum Friedhof fährt, dann ist es so, wie wenn andere zur Arbeit fahren. Es wird immer mehr Arbeit. Immer mehr Gräber sind zu pflegen, um die sich keiner kümmert.
Ihr kleiner Garten ist – von Frühjahr bis spät in den Herbst – ein kleines Blütenwunder. Und im Winter holt sie Reisig mit einem kleinen Leiterwagen, den sie ans Fahrrad bindet. Deckt Gräber ab. Wortlos.
Nur offene Gräber meidet sie.
Vor einer Beerdigung fährt sie nicht zum Friedhof.
Erst danach.

Gelegentlich habe ich sie von ferne betrachtet, bei meinen eigenen Friedhofsbesuchen, die, zugegeben, selten sind, es sei denn zu Beerdigungen – und die meidet sie ja bekanntlich. Aber gelegentlich konnte ich sie beobachten, wie sie mit der Hand grobe Erdklumpen zerkleinert, verblühte Blätter abliest, ein Gesteck lockert, mit einem scharfen (schwarzgriffigen) Zwiebelmesser Stauden schneidet, kniend, mit Schürze. Sie bewegt leicht ihre Lippen, hat keinen Blick für anderes. Ob sie mit den Toten spricht? Ob sie bei Toten die Sprache findet, die sie bei Lebenden verliert oder verweigert?

Ihr jedenfalls ist es zu verdanken,
dass alle Toten einen Zuspruch haben.
Es bleibt ein wenig von der Illusion, keiner sei vergessen.

Als ich im August nach drei Wochen Urlaub mit Sonne und Familie zurückkam und den Berg Post und Meldungen sortierte, war die Nachricht über ihren Tod eine der ersten, die ich las.
Es ist alles schon Wochen her. Der Krankenhauspfarrer aus der Stadt hat sie in meiner Vertretung beerdigt.
Bei meinem Anruf erfahre ich, dass sie auf dem Weg zum Friedhof von einem Auto angefahren wurde, stürzte und mit dem Kopf auf die Bordsteinkante schlug. Sie war sofort tot. Die Schuldfrage ist noch nicht geklärt. Bei der Beerdigung sei kaum jemand gewesen. Na ja, wissen Sie, so mitten im Urlaub.

Ich stelle mir das Bild vor.
Diese kleine Frau in Schwarz.
Noch kleiner und noch schwärzer als sonst,
wie sie da auf dem Boden liegt.
Blumen verstreut.
Die Tasche mit etwas Papier, einem Tuch,
Geldbeutel noch am Fahrradlenker.
Nur das kleine Zwiebelmesser herausgerutscht,
beim Aufprall zwei, drei Meter weggeschleudert.
Kleine Blutflecken.
Schweigen.
Kein Blaulicht mehr nötig.

Flimmernde Hitze.
Zwei Lerchen spielen über dem Kamin
der nahen Papierfabrik.
Und vom Vorort höre ich das lange Warnsignal
des 16-Uhr-Schnellzuges.

Ich habe hier bei uns schon lange
keine Schwäne mehr gesehen.
Wie ich so plötzlich auf Schwäne komme?
Ich weiß es nicht.

Lehre uns bedenken, dass wir sterben müssen, auf dass wir klug werden.
Psalm 90,12

Totensonntag

Ein Mantel, fast nicht getragen

Einmal im Jahr, immer wenn die Kirchengemeinde für Bethel Kleider sammelt, muss sie sich entscheiden. Wie so oft in den vergangenen zwölf Jahren steht sie vor dem großen Schlafzimmerschrank, dreitürig, massiv Eiche, gute 50 Jahre alt.

Mit der Hand streicht sie sanft, zurückhaltend über den braunen Sakko. Er hat ihn zum letzten Mal bei der Fahrt in den Schwarzwald getragen. Und wie peinlich war es ihm, dass er – damals schon schwach und von der Krankheit gezeichnet – die Berner Soße über den Ärmel kippte.

Daneben der Anorak. Sie nimmt ihn vom Bügel. Hat ihn damals nicht reinigen lassen. Sie riecht am Kragen. Hier spürt sie noch am deutlichsten den Geruch seiner Haare, seiner Haut. Den vertrauten Geruch vieler Jahre nebeneinander im gleichen Bett, er rechts, sie links. Lange hat sie das Kopfkissen so liegen lassen, wie es lag am Tag, als ihn die Sanitäter holten. Für die letzten drei Wochen blieb nur ein fremdes Bett. Kaltes Stahlrohrgestell, Räder, Galgen mit Haltegriff, höhenverstellbares Kopfteil – das übliche Krankenhausbett eben.
Bettbezüge, Kissen, Leintücher lassen keine Beziehung aufkommen, bleiben der Hand fremd, wirken gebleicht, neutralisiert, steril, leblos. Wenn du daheim über die Bettdecke streichst, spürst du Leben, Weichheit, Nähe. Im Krankenhaus sind die Decken tot, hart und bleiben auf Distanz.

Als sie den Anorak wieder über den Bügel hängt, lacht sie plötzlich auf, schüttelt den Kopf und lächelt noch, als sie den Kragen ordnet um den Haken. Es war in Neustadt gewesen, Neustadt im Schwarzwald. Ende 60er-Jahre. Zehn Tage Ferien um die Osterfeiertage herum. Tief verschneit noch der Feldberg, der Hochfirst. Bärental, Titisee, Neustadt und Lenzkirch quollen über vor schneehungrigen Langläufern und Abfahrern. Der See noch fast ganz zugefroren. Nicht einmal eine Andeutung von Grün wie unten im Rheintal, wo schon die ersten Magnolien aufbrachen. An Weihnachten noch war es warm. Man ging ohne Mantel zur Kirche und sehnte sich nach Kälte, allein um der Weihnachtsstimmung willen. Dann war der Winter doch noch gekommen. Kalt, aber trocken. Erst Anfang März, eine Woche vor ihrem Urlaub, hatte es vier Tage lang ununterbrochen geschneit. Ein Segen für Wintersport und Gastronomie.

Sie waren zurückgekommen von einer wunderschönen Schneewanderung: von Neustadt an der Südwestseite des Hochfirsts entlang nach Saig und die Runde weiter zurück ins Tal. Es war in Saig, da hatte er plötzlich in seiner etwas verschmitzten Art gemeint, er würde so gerne jetzt Schwarzwälder Schinken essen, nur ein kleines Stück. Für sein Leben gern.
Anstatt irgendwo in einer Gaststätte einzukehren, hatten sie dann einfach in einer Metzgerei einen ganzen Schinken gekauft. Wie man eben manchmal im Urlaub Dinge tut, die zu Hause undenkbar wären. Ein ganzer Schinken! Zwei Pfund vielleicht!

Hinter den letzten Häusern von Saig hatte er den Schinken ausgepackt. Mit dem kleinen Messer, das er immer bei sich hatte, hatten sie sich über den Schinken hergemacht wie ein Kind. Ganz ohne Brot. Einfach so.
Und dann hatte er den Schinken unter seinem Anorak verstaut. Es sah wohl aus, als sei ihm über Nacht ein lustiger

Spitzbauch gewachsen. Aber besser einen Spitzbauch von Saig nach Neustadt tragen als einen angeschnittenen Schinken!
Und es kam, wie es kommen musste: Er rutschte auf einer vereisten abschüssigen Stelle am Hang aus, halb so schlimm, wäre nicht der Schinken dabei herausgerutscht und hätte er, solchermaßen endlich in Freiheit, nicht danach bergabwärts in lustigen Sätzen und Sprüngen das Weite gesucht.
Und das Tollste war: Der Schinken war nicht mehr zu finden. Spurlos verschwunden im Unterholz hinter der Biegung oder wo auch immer.
Irgendein Fuchs vielleicht wird auf diese Weise eine Osterbescherung erhalten und sich den Bauch vollgeschlagen haben. Während sie außer ein paar blauen Flecken nichts nach Hause brachten. Und hätte nicht nach Wochen noch der Geruch von Schwarzwälder Schinken an dem kleinen Taschenmesser gehaftet, dann hätten vielleicht sie selbst nicht mehr so richtig geglaubt, was zwischen Saig und Neustadt passiert war.

Die Türklingel reißt sie aus den Erinnerungen.
Kurz schreckt sie zusammen, als sei sie bei etwas Verbotenem ertappt worden.
Es ist nur die Frau von den Stadtwerken, die den Zählerstand abliest.
Dann ist sie wieder allein.

Ja, die Kleidersammlung. Was kann ich geben? Kann ich überhaupt etwas geben? Es ist so schwer, sich zu trennen. Auch nach Jahren noch. Abschied ist immer auch ein kleiner Tod. Das ist das Schlimme an allem: Dem großen Tod folgen so viele kleine. So viele kleine Abschiede, die neu die Wunde öffnen; dir immer wieder neu in Großbuchstaben »Witwe, Witwe, Witwe« auf die Haut und – nicht weniger schmerzhaft – in die Seele brennen.

Bei jedem Fest auf dem Dorf war das so. Bei jedem kleinen Konzert. Beim Spaziergang und im Garten. Selbst in der Kirche noch: Du bist eben allein!

Jedes Mal ein neuer Abschied – das erste Weihnachtsfest, das erste Silvester, der erste Frühling, die ersten Erdbeeren, das erste Säen und das erste Ernten, das erste schlimme Gewitter und die erste Beerdigung, der erste Geburtstag und der erste Todestag. Das hat mir keiner vorher gesagt. Das habe ich nie geübt. Das ist über mich gekommen und reißt mich immer wieder neu in Depressionen, Ängste und Trauer. Ich will endlich aufhören, fortwährend Abschied zu nehmen!

Gut hat das der Pfarrer gesagt am Sonntag:
»Wer seine Hand an den Pflug legt und sieht zurück, der zieht krumme Kurven. Wer seine Hand ans Steuerrad legt und sieht zurück, der gefährdet sich und andere tödlich.«
Recht hat er. Das weiß ich auch. Das ist nicht das, was ich wissen will; ich will wissen, wie das geht! Ob man das Loslassen noch lernen kann in meinem Alter, wie, wo, bei wem?

Bei jedem Loslassen reißt es mir ein Stück Leben aus der Seele. Und in die Lücken strömt kein neues Leben, nur das Gefühl des Verlustes. Ich will ja, ich leide selbst ja am meisten darunter, dass ich nicht kann.

Ich kann es schon gar nicht mehr hören:
Das müssen Sie aufarbeiten!
Das sagen die einfach so, und meinen den Tod meines Mannes. Mein offensichtliches Alleinsein.
Das soll ich »aufarbeiten«. Mir fehlt der Mann! Mir fehlt sein Lachen, seine Liebe, seine Augen, alles, alles, alles! Alle Geräusche in der Wohnung kommen von mir. Alle Gerüche in der Wohnung kommen von mir. Alles Leben in der Wohnung ist Leben von mir.

Was soll ich da aufarbeiten? Was soll ich noch loslassen? Hab ich nicht längst alles loslassen müssen?

Sie hört plötzlich den Nachhall der eigenen Stimme. Laut ist sie geworden, erschrickt über die eigene Erregtheit, greift rasch und fest nach dem grauen Wintermantel im Schrank ganz rechts, nimmt ihn vom Bügel, legt ihn zusammen, bindet die Schürze ab, zieht das Kopftuch über, die Jacke, nimmt den Mantel, den Schlüssel und geht.

Läuten an meiner Pfarramtstür. Ich bin beim Essen.
Halb zwei, wer kann da schon kommen?
Als ich zur Tür komme, will sie eben gehen.

»Ein Mantel, Herr Pfarrer, fast nicht getragen. Für die Sammlung.«

Schweigen.

»Meinen Sie nicht auch, er ist vielleicht zu gut für die Sammlung? Sie wissen ja, er ist von meinem Mann. Sie werden schon jemanden finden, der ihn braucht. Wiedersehen!«

Und schon ein paar Schritte weg, sagt sie:
»Aber bitte für jemand Gutes.«
Es ist, als ob sie noch etwas anfügen wollte.
Sie hält kurz inne. Dann geht sie doch.

Gerechtigkeit erhöht ein Volk, aber die Sünde ist der Leute Verderben.
Sprüche 14,34

Buß- und Bettag

Du hast immer erst dann Zeit, wenn es zu spät ist

Mich hat ein Satz hautnah erreicht.
So richtig durch Mark und Bein ging er mir.
»Du hast immer erst dann Zeit, wenn es zu spät ist.«

Du hast immer erst dann Zeit, wenn es zu spät ist.
Wenn die Kinder aus dem Haus sind.
Wenn die Ehe an die Wand gefahren ist.
Wenn die Gesundheit nicht mehr zu reparieren ist.
Wenn die Entschuldigung auf keinen mehr trifft, der hört.
Wenn Spenden nicht mehr ankommen.
Wenn das Klima kollabiert.

Du hast immer erst dann Zeit, wenn es zu spät ist.

Vor bald drei Jahrzehnten habe ich schon in mein damaliges Tagebuch notiert, ein kleines Gebet:

»Sag,
nimmst du uns noch ernst?
Hast du noch Geduld?
Müssen wir jetzt schon anfangen,
uns zu ändern?
Oder vergibst du uns auch
morgen noch unsere Schuld?«

Du hast immer erst dann Zeit, wenn es zu spät ist.
Bis dahin sagst du in der dir von Gott geschenkten Überfülle an Zeit – du siehst ja das einzelne Sandkorn im Stundenglas nicht angesichts der Fülle –, bis dahin sagst du: Mach ich dann schon. Keine Sorge. Das krieg ich auf die Reihe.

Du hast immer erst dann Zeit, wenn es zu spät ist.

Noch nicht lange her, ist ein Buch erschienen. Gut siebenhundert Seiten stark. Ich habe sie weiß Gott noch nicht alle gelesen. Es stammt von dem neben Hans Jonas derzeit bekanntesten deutschen, deutschsprachigen Philosophen Peter Sloterdijk. Eigenartig, dass ich ein paar Tage vor Buß- und Bettag begonnen habe, darin zu lesen.

Das Buch trägt den Titel: »Du musst dein Leben ändern«.
Schwierig zu lesen.
Eben ein Philosoph.
Gedankliche Schwerstarbeit.
»Du musst dein Leben ändern.«

Der Titel des Buches stammt nicht von ihm.
Er stammt aus dem Ende eines Gedichtes von Rainer Maria Rilke. Vor über 100 Jahren hat er es geschrieben. 1908. Und am Ende des Jahrhunderts, erst recht am Beginn des neuen Jahrtausends, geht uns der Anspruch in einer Dringlichkeit auf, die nicht zu überbieten ist.
»So geht es nicht weiter. Du musst dein Leben ändern.«

Rilke ist in Paris. Besucht tagelang den Louvre, das große Museum, und ist gebannt von einem Torso, von einem Körperrest. Eine griechische Statue 480 vor Christus, 470 vor Christus, aus Milet. Vielleicht kennen Sie ihn.
Armlos, kopflos, geschlechtslos, fast ohne Beine.
Ein Torso des griechischen Gottes Apoll.

Und der Anblick dieses Torsos – wer blickt hier wen an? –
trifft Rilke mit einer solchen Wucht, wie Paulus vor Damaskus
mit einer Wucht getroffen wird, die nur göttlichen Ursprungs
sein kann.
Unbedingt.
Da gibt es keine Ausflucht.
Keine Ausreden mehr.
Da schaust du nicht ein Bild an.
Da schaut dich ein Bild an.
Da redest nicht du mit Gott.
Da redet Gott mit dir.
Mit einer Wucht, die dich stellt.

Rilke schreibt zwei Vierzeiler und zwei Dreizeiler.
Sie müssen nicht alles verstehen.
Die beiden letzten Zeilen haben sich fast vom Gedicht gelöst
und sind einen weiten Weg gegangen.

Rilke schreibt:
»*Wir kannten nicht sein unerhörtes Haupt,*
darin die Augenäpfel reiften. Aber
sein Torso glüht noch wie ein Kandelaber,
in dem sein Schauen, nur zurückgeschraubt,

sich hält und glänzt. Sonst könnte nicht der Bug
der Brust dich blenden, und im leisen Drehen
der Lenden könnte nicht ein Lächeln gehen
zu jener Mitte, die die Zeugung trug.

Sonst stünde dieser Stein entstellt und kurz
unter der Schultern durchsichtigem Sturz
und flimmerte nicht so wie Raubtierfelle;

und bräche nicht aus allen seinen Rändern
aus wie ein Stern: denn da ist keine Stelle,
die dich nicht sieht. Du musst dein Leben ändern.«

Du musst dein Leben ändern.
Wir sagen: Ich könnte mein Leben ändern, wenn ...
Ich will mein Leben ändern.
Nach all den Katastrophen des letzten Jahrhunderts,
von denen Rilke 1908 noch nichts wissen konnte.
Nach Hunger, Tod, Verfolgung, Schuld,
Zerstörung im Großen;
nach der und jener Krankheit,
nach dem und jenem persönlichen Umweg sagen wir:
Wir können uns noch Zeit lassen mit dem Ernstnehmen.
Es ist doch immer noch gutgegangen.

Unser Planet, unser Miteinander nimmt mehr und mehr die Form des alten griechischen Torsos im Louvre an.
Doch hinter den verseuchten Meeren, den abgeholzten Wäldern, den wunden Seelen und den an die Wand gefahrenen Biografien glänzt eine Macht, die so alt ist wie die Welt selbst, älter. Der Schöpfer, der Geist, der Erlöser.

Gott geht auf die Knie.
Er wird Mensch.
Er lernt die Sprache der Menschen.
Er geht den Weg, den jeder geht.
Noch weiter.
Er geht ans Kreuz.
Noch im Sterben hat er uns im Blick.
Noch in der Ohnmacht trifft uns seine Wucht.
In der Auferstehung sein Glanz.

> »... denn da ist keine Stelle,
> die dich nicht sieht. Du musst dein Leben ändern.«

Das hören wir an Buß- und Bettag.
Damit wir uns Zeit nehmen, nicht erst, wenn es zu spät ist.
Damit wir umkehren von unseren verkehrten Wegen.

Damit wir die Not des Nachbarn spüren.
Damit wir dem Nachbarn unsere Not beichten.
Dass keiner für sich bleibt.
Dass jeder einen hat, der ihn liebt.

Dass wir uns nicht nur Zeit nehmen,
wenn ein Prominenter am Ende ist.

Lasst eure Lenden umgürtet sein und eure Lichter brennen.
Lukas 12,35

Ewigkeitssonntag

Lauterbach

Kennen Sie Lauterbach?
Da Sie schon Brettschneider nicht kennen, dem Sie jeden Tag begegnen, wie sollten Sie da Lauterbach kennen, den Sie nie zu Gesicht bekommen haben?
Lauterbach, mit den 21 bundesdeutschen Dörfchen selbigen Namens weder verwandt noch verschwägert, ist meine Erfindung.

Zu nachtschlafender Zeit lag ich im Bett, unruhigwach und etwas durcheinander, was bei mir nicht selten vorkommt. Sie kennen das: linke Seite, rechte Seite, lauwarme Dusche, halber Apfel ... Jedenfalls machte ich wieder Licht, nahm Papier und Schreiber und erfand Lauterbach.
Hier seine Geschichte:

Lauterbach wurde im frühen Februar 1946 geboren. Erstes und einziges Kind einer ledigen Mutter in Braunschweig. Kriegsende, amerikanische Soldaten, englische Soldaten, sie war 24 und hübsch, sprach recht gut Englisch, Marlene-Dietrich-Typ, nur jünger und unverbraucht. Sie verstehen.

Lauterbach, in den ersten Tagen und Wochen nicht zu eigenen Entscheidungen fähig, wurde nicht gefragt, sondern schon Mitte Mai des gleichen Jahres nach Kassel gegeben, zu einer Tante der Mutter, kinderlose Kriegerwitwe, doch immerhin

mit kleinem Beamtenhäuschen und Garten am Stadtrand.
Soweit alles im Rahmen jener Jahre, in denen Rhein und Donau wohl erheblich erleichtert, aber nicht weniger kopfschüttelnd durch Schwarzmärkte, Entnazifizierungsstellen, Besatzungstruppen, Kirchenruinen und sattgelbe Weizenfelder ins Ausland flossen.
Der eine nach Osten, wo damals noch keiner wusste, was aus dem heutigen Österreich endlich werden sollte, der andere nach Nordwesten, wo das wiederholt heimgesuchte Holland am liebsten jeden Tropfen des deutschen Stromes zurück an den Absender geschickt hätte.

Ich traf Lauterbach zum ersten Mal Ende 49. Ich war eineinhalb, er gut dreieinhalb Jahre alt und schon ein kräftiges Kind, wie man unschwer dem etwas vergilbten, zackenrandigen Schwarzweißfoto in unserem Familienalbum entnehmen kann.
Der gut gelungene Schnappschuss zweier Frauen mit Kindern im sonnigen Nachkriegsherbst vor einer Parkbank zeigt Lauterbach mit einer Handvoll Herbstblätter, die er ohne sichtbare Erregung und doch mit großem Stolz fest in der Linken hält, während er sich mit der Rechten am Knie meiner Mutter aufstützt, auf deren Schoß ich mit einer abenteuerlichen Schoppenflasche sitze, mit beiden Händen umschlungen und so groß, dass man das Interessanteste, mein Gesicht, gar nicht sieht.
Ich halte es dennoch für wahrscheinlich, dass ich tatsächlich dieses zweite Kind bin, wie käme sonst das Bild in unser Familienalbum und ein fremdes Kind auf den Schoß meiner Mutter.

Darf ich noch einmal – ich weiß, wenn ich Gestalten erfinde, gerate ich leicht ins Plaudern und kann einen gewissen Einfluss an Wirklichkeit ebenso wenig verhindern, wie es mir später gelingt, auf Rückfragen (»Ist das wirklich passiert?«)

eine präzise Antwort zu geben –, darf ich kurz noch einmal Ihren Blick auf die linke Hand des dreieinhalbjährigen Lauterbach lenken, in der er vergilbtes, gefallenes Herbstlaub hält wie andere Kinder eine Handvoll Buntstifte oder eine kleine Bahnhofsvorsteherkelle.

Für mich ist dieses Bild, das einzige Bild von Lauterbach in meinem Besitz, bezeichnend für den Lebensweg dieses aufgeweckten Jungen. Es begann damit, dass er auf dem Klo die kleinen Zeitungsfetzen las, die – von einem Haken durchlöchert – als Abreißpapier (Papierrollen gab es noch nicht, erst recht keine samtweichen und umweltfreundlichen) an der Toilettenwand hingen. So informierte er sich, in Bruchstücken natürlich, über kommunale und Weltpolitik, über erste Nachkriegsfußballländerspiele und Vermisstenanzeigen, Eierpreise und Wetterprognosen. Länger als andere verweilte er dort, von der Tante belächelt, aber nicht gestört. So eignete er sich allein durch die tägliche Lektüre eine für ein Kind seines Alters recht beachtliche Allgemeinbildung an. (Die letzte Passage trägt, das gebe ich gerne zu, wieder deutlich autobiografische Züge, nur dass ich mich gerne auf Werbeannoncen und Kreuzworträtsel konzentrierte. Lauterbach jedoch nicht, wie wir im Folgenden sehen.)

Das ganze zu beschreibende Drama begann damit, dass er sich im Alter von acht Jahren weigerte, Todesanzeigen zu dem genannten Zweck zu benutzen. Die Tante wertete dies erstaunt, aber nicht minder erfreut, als Zeichen früher Reife und erwachender Pietät und nahm fortan das Blatt mit den Todesanzeigen von dieser Zweckbestimmung aus. Meines Wissens taten dies damals nur wenige.

Lauterbach bat jedenfalls die Tante seit diesem Zeitpunkt täglich um die zurückbehaltene Seite und begann, Todesanzeigen zu sammeln. Erst sortierte er nach Geschlecht, später nach Wohnort und Geschlecht.

Im Alter von zwölf Jahren besaß er schon mehrere Schuhkartons, sortiert nach Alter, Geschlecht, Wohnort, Größe der Anzeige, Familienstand und einigem mehr. Die Welt um sich vergessend, begann er, pro Tag das durchschnittliche Sterbealter zu errechnen, und erschrak, als es einmal gar unter vierzig Jahren lag. Er war damals vierzehn und frisch konfirmiert. Täglich konnte er seine Statistik präzisieren, denn immer neue Sterbefälle ergaben immer mehr Daten. Und die Fülle der Daten präzisierte die durchschnittliche Lebenserwartung, die er errechnete.

Hatten ihn anfangs noch Tage geängstigt, an denen seine Lebenserwartung bei fünfundvierzig oder achtundvierzig Jahren lag, so wurde die Prognose mit den Jahren günstiger. Ein wahrer Festtag für ihn war der 28. August 1964, an dem der Schnitt bei 81,3 Jahren lag. Sein Aufatmen wurde mehrmals getrübt, besonders wenn Kinderannoncen nach Unfällen oder unheilbaren Krankheiten das Bild verfinsterten, doch tröstete er sich dann damit, dass er schließlich kein Kind mehr sei.

Eigenartig, immer weniger interessierte er sich für Sport, Kultur, Politik, für seinen Beruf als Einzelhandelskaufmann, später als Programmierer. Kam er nach Hause, galt sein erster Blick den letzten Blättern der Tageszeitungen mit den Todesanzeigen.
Zwischenzeitlich hatte er, sein Gehalt erlaubte ihm diese Eskapaden bei ansonsten bescheidener Lebensführung, mehrere überregionale Blätter abonniert. An Wochenenden war er mit den wesentlich ausführlicheren Ausgaben stundenlang beschäftigt. Und meist ließ er nicht eher von den Zeitungen, als bis er den täglichen Durchschnitt errechnet und mit seiner jahrelangen Statistik verglichen hatte. In eine große Grafik an der Wohnzimmerwand trug er penibel alle Daten ein und stellte mit den Jahren aufatmend fest, dass die Lebenserwartung, abgesehen von kurzen Einbrüchen in den Ferienmonaten, stetig leicht anstieg …

Bei über 76 Jahren pendelte sich die Lebenserwartung für Männer ein, eine durchaus beruhigende Zahl, wenn man dazu noch die Kinder und Jugendlichen, über deren Alter er längst hinaus war, abzog.

Und nun, liebe Leserin, lieber Leser – soll ich nun meinen Lauterbach, der uns beiden zwischenzeitlich bei aller Verschrobenheit etwas ans Herz gewachsen ist, einfach mit vierundvierzig an einem Infarkt sterben lassen?

Ich bringe das nicht übers Herz.

Oder soll ich ihn wieder auflösen, da er doch nur Produkt meiner Fantasie war? Dafür ist er mir schon zu wirklich geworden, zu nah.
Soll ich ihn weiterleben lassen, wenn sein hochgerechnetes Leben überhaupt einen solchen Namen verdient?
Oder soll ich ihn befreien von seiner Manie?
Und wenn ja, wie?

Ich bin unentschlossen, lieber Leser.
Entscheiden Sie selbst.
Tun Sie was, Lauterbach!
Übernehmen Sie Ihre Geschichte!

Bibelstellenregister

Psalm 33,12	132	Matthäus 11,28	119
Psalm 66,5	63	Matthäus 20,28	89
Psalm 66,20	107	Matthäus 25,40	142
Psalm 90,12	174	Lukas 2,20	33
Psalm 98,1	105	Lukas 9,62	80
Psalm 103,2	144	Lukas 10,16	117
Psalm 103,8	42	Lukas 12,35	184
Psalm 130,4	159	Lukas 12,48	130
Psalm 145,15	151	Lukas 13,29	60
Sprüche 3,27	40	Lukas 18,31	72
Sprüche 14,34	179	Lukas 19,10	120
Jesaja 6,3	116	Lukas 21,28	17
Jesaja 40,3.10	19	Johannes 1,14	25, 34, 52
Jesaja 42,3	141	Johannes 1,17	59
Jesaja 43,1	126	Johannes 3,14.15	90
Jesaja 60,2	66	Johannes 10,11a.27-28a	99
Jeremia 17,14	153	Johannes 12,24	83
Daniel 9,18	69	Johannes 12,32	108
Micha 6,8	156	Römer 5,8	79
Sacharja 4,6	110, 113	Römer 8,14	58
Sacharja 9,9	13	Römer 12,21	157
Weisheit 18,14	28	1. Korinther 3,11	163

1. Korinther 4,5b	64	Offenbarung 1,18	92
2. Korinther 5,10	169		
2. Korinther 5,17	103		
2. Korinther 6,2b	166		
Galater 6,2	122		
Epheser 2,8	124		
Epheser 2,19	127		
Epheser 5,8b.9	129		
Philipper 4,4-5	22		
Kolosser 1,12	164		
Kolosser 3,17	50		
1. Timotheus 6,15b.16a.c	162		
2. Timotheus 1,10b	146		
1. Petrus 1,3	97		
1. Petrus 5,5b	137		
1. Petrus 5,7	145		
1. Johannes 2,8	54		
1. Johannes 3,8b	76		
1. Johannes 4,21	149		
1. Johannes 5,4c	148		
Hebräer 3,15	71		
Hebräer 13,14	48